東京学芸大学地理学会シリーズⅡ　第3巻

景観写真で読み解く地理

加賀美雅弘・荒井正剛　編

古今書院

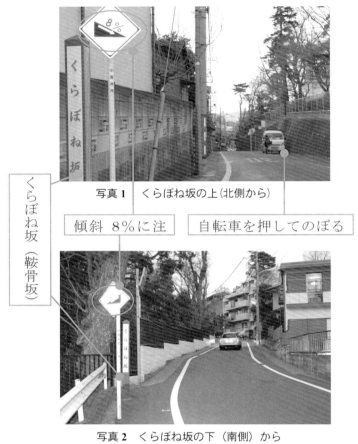

写真１　くらぼね坂の上（北側から）

くらぼね坂（鞍骨坂）

傾斜 8%に注

自転車を押してのぼる

写真２　くらぼね坂の下（南側）から

コラム２参照

The Geographical Society Tokyo Gakugei University Series Ⅱ　Vol.3

Geographical Interpretation of Landscape Photogaraphs

Edited by Masahiro KAGAMI and Masataka ARAI

Kokon Shoin Ltd., Tokyo, 2018

は じ め に

　写真には,「撮るおもしろさ」と「見る楽しさ」がある．美しい風景や珍しい風景に出会うと思わずシャッターを押す衝動に駆られるし，美しい写真を見るとその感動は計り知れない．つまり写真とは，撮る側の感動を見る側に伝えてくれる便利な代物なのであり，現場にいなくても，写真があればどこでも同じ感動が味わえるというわけである．

　さて，地理においてもこうした写真にまつわる感動と無関係ではない．地理といえばだれもが地図を思い浮かべるだろう．ところが，じつは写真も地理と切っても切れない関係にある．実際，地理ではたくさんの風景を写真に撮る．山や川，海岸といった自然についての写真もあれば，街かどや工場，畑など人がつくり出した風景も撮影する．目を見張るような美しい風景を撮ることもあるし，簡単には撮影できないようなところで珍しい写真を撮ることもある．

　ただ，地理で使う写真が一般の写真と決定的に違うことがある．それは，写真を使って風景を読み解こうとする点にある．言い方を変えると，写真に写しこまれた風景を使って地域の特徴を説明し，理解すること．これが地理で写真を使う大きな理由になる．写真にはその土地の様子を知るための手がかりが写されており，それを使って地域の特徴を考えるわけである．だから世界各地の写真は，さまざまな場所の様子を知るための貴重な道具といえる．

　では，写真をどのように道具として使ったらよいのか．その使い方を具体的に示そうと，本書は企画された．学校の授業での使い方とともに，自然現象や都市や農村，さらに外国の風景をどのようにしたら読み解くことができるのか．この疑問に答えるために，東京学芸大学の地理学のスタッフが総力を挙げてその方法の解説をめざした．同じ風景でも，どこに目を向けるかで読み解き方が違う．その場所の説明の仕方も違う．われわれはそうした風景の写真を景観写真と名づけ，地理学の専門の視点で読み解きに挑んだ．

　景観写真の読み解きは決して難しくない．旅先でも近所でも，そこがどんな場所なのかを説明する写真が景観写真である．しかも読み解き方は自由である．本書も，自分だったらこんなふうに読み解く，といった具合で読み進んでいただければ幸いだし，何よりもご自身で景観写真を撮りに出かけ，家族や友人に説明する楽しみを味わっていただきたい．

　たった1枚の写真で大いに話がふくらんでくる．景観写真の醍醐味は，じつはそこにある．本書を通じて，景観写真のファンが増えることを願ってやまない．

2018年3月　加賀美 雅弘

目　次

はじめに　　加賀美雅弘　1

第1章　景観写真の意義とその活用
―― 身近な地域に目をむけてみよう ――

椿　真智子　4

コラム1　ハケの景観写真を読み解く　　加賀美　雅弘　12
コラム2　若者が読み解いた身近な地域　　椿　真智子　14

第2章　景観写真教材による指導
―― 組写真を工夫してみよう ――

荒井　正剛　16

コラム3　カザフスタン
　　　　：ステレオタイプを打破する　　荒井　正剛　26
コラム4　地理オリンピックに
　　　　出題された景観写真　　荒井　正剛　27

第3章　景観写真で読み解く地形
―― 海岸に注目してみよう ――

青木　久　28

コラム5　異なる地形を並べてみる　　青木　久　38

第4章　景観写真で読み解く気候
――「見えるもの」から考えてみよう ――

澤田　康徳　40

コラム6　身近な景観を熱で表現する　　澤田　康徳　50
コラム7　自分を含めて眺める：衛星写真　　澤田　康徳　51

第5章　景観写真で読み解く 都市
── 都市の変化に注目してみよう ──

牛垣 雄矢　52

コラム 8　時代の変化と景観変容：秋葉原　　牛垣 雄矢　62
コラム 9　時代の変化と景観変容：神楽坂　　牛垣 雄矢　63

第6章　景観写真で読み解く 農山村
── 集落の土地利用に注目してみよう ──

中村 康子　64

コラム 10　土地利用を景観写真で表現する　　中村 康子　74
コラム 11　消えゆく景観の保全　　　　　　　中村 康子　75

第7章　景観写真で読み解く モンスーンアジア
── 水辺の時間と季節の変化に注目してみよう ──

橋村 修　76

コラム 12　歴史を景観写真でたどる
　　　　　：絵図と現代の景観の対比　　　　橋村 修　85

第8章　ドイツの景観写真で読み解く ヨーロッパ
── 外国人の景観に目をむけよう ──

加賀美 雅弘　88

コラム 13　社会主義都市の変化を
　　　　　　景観でとらえる　　　　　　　加賀美 雅弘　97

コラム 14　景観写真を地理教育に活かそう！　荒井 正剛　100
コラム 15　フォトランゲージ
　　　　　：写真を用いたアクティブ・ラーニング　荒井 正剛　102

第1章 景観写真の意義とその活用
― 身近な地域に目をむけてみよう ―

写真を撮ることは，今やだれもが気軽にできる，ごくありふれた行為であり，われわれの暮らしの一部にさえなっている．旅行はもちろん，日常のさまざまなシーンを写真に撮って楽しむことが，もはや特別のことではなくなっている．しかも，最近はカメラのデジタル化が進んだことによって，高いレベルの技術がなくても，高品質で美しい写真や一瞬を逃さない写真が，手軽に撮れるようになった．書店には写真に関するさまざまな書籍がうず高く積まれ，新しいカメラには熱いまなざしが向けられる．まさに，あらゆる世代が写真を撮っているといっても過言ではないだろう．

そうしたなかで景観は，撮影の対象として最もポピュラーなものの一つといえよう．たとえば観光客が撮る写真の多くは景観が占めているし，各地で開催される写真展には景観に絞ったものが多い．美しい景観や珍しい景観はもとより，雄大な自然，さまざまな形をした建築物，各地を彩る祭りのような伝統文化など，景観は写真を撮る人々の心を強く惹きつける．

被写体としての景観の魅力が高まっていることも見逃せない．余暇が拡大し，その意義が認められるようになり始めた1970年代ごろから，歴史的景観が注目され，その保全の動きが各地で活発になり，京都のような国際観光都市はもとより過疎地域でも地域の活性化につながった．1990年代には朝日新聞日曜版に「風景考」という連載が掲載された．表紙に各地の伝統的な景観写真が大きく載せられた．また，宮崎 駿氏のアニメの人気も手伝い，里山や棚田，伝統的な集落景観などが注目され，生活の場としての身近な景観が原風景として見直され，地域の魅力を再発見・再認識する試みが各地でみられる．

ところで，ひとくちに景観と言っても，その定義や解釈はかなり多様である．たとえば，自然環境と人間生活のかかわりを総合的に把握する地理学では，景観を地域的特徴や地域性を示すものとしてとらえている．つまり景観を，自然環境と社会環境とが織りなす総体であり，地域を構成する諸要素が相互に関係しあって成立し，形成された複合体（図1）として位置づける見方をとる．さらに近年では，景観が地域社会全体と複合的なかかわりを持っていることから，人々の暮らしやアイデンティティあるいはメンタリティと密接にかかわる主観的存在とみなそうとする視点も注目されている（上野・椿・中村 2007）．

景観写真は，複合体としての景観を意図的に切り取り表現した素材であり，地域を理解するうえできわめて有効に活用できる．しかし，景観写真を見る側にとっては，そのとらえ方は一様ではない．地域についての知識や地域を取り巻く環境へ

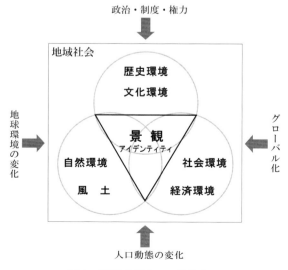

図1 景観の概念　　椿作成.

の関心によって景観写真の読み解き方は異なるし，地域への愛着や関心の度合いによっても違ってくる．それゆえに景観写真は，主体としての利用者によってきわめて多様な読み解き方があり得るし，地域を説明するために景観写真を撮影しようという作業も，眼前の「景観」から何をどのように読み解こうとしているかによってかなり違ったものになる．

1．「景観写真」と「地理写真」

　景観写真について論じるうえで，まず，石井 實が長年のライフワークかつプロ・カメラマンとして研究を行った地理写真に立ち返る必要がある．石井（1988）は『地理写真』のなかで地理写真を，芸術写真や単なるスナップ写真とは異なり，「場所や地域・社会をとらえるうえで，地理的に意味のある写真」と定義している．すなわち地理写真とは，「地理的情報」を提示・説明する（読み解く）ことが可能な写真と解釈できる．同じく石井（1988）は，地理学研究や教育で「地理的に意味のある事象や場所の把握や地表現象の分析に利用」できる写真であり，これら目的に合致するための「科学的論証の証拠として十分な地理的内容を備えている写真」とも述べている．

　ところが，ここでは「地理的に意味のある」「地理的内容」が何を意味するのかには言及されていない．それは実際のところ，石井が自著に掲載したじつに数多くの「写真」自体に表現し内在化されているものであり，ある意味，それを見る私たち自身が自発的にそれを読み解かねばならない．すなわち，石井の見事な地理写真から何をどう読み解くのかは，それを見る側の資質や能力に委ねられることになる．

　次に石井（1988）は地理写真の条件として以下の点をあげている．それは，

① どのような目的で撮影するか，
② 主題は何か，
③ 撮影地点を記録する，
④ 撮影年月日，写真の内容や必要であれば撮影時刻を記録する，
⑤ 主題だけを強調する，
⑥ 同時に主題とのかかわり（環境）が理解できるようにする，
⑦ 対象によってはスケールを示し定量的把握ができるようにする，
⑧ 時間的あるいは空間的変化のプロセスが理解できるようにする，

などである．これらは言い換えれば，石井の考える地理写真を撮影するうえでの重要なポイントとみなすことができる．ここでもまた，地理写真としての「主題」や「目的」として何がふさわしいのかは提示されていない．それはいわば所与のものとして前提化されている．

　同様のことは，2012年に豊富な地理写真を題材に出版された原 眞一（2012）『写真地理を考える― a Photograph Notebook』についても指摘できる．原は地理写真を，「『地理の目』『写真の目』で撮った写真」と表現し，さらに「地理の目」とは，「景観・場所・地域・地理的な事象などを見る・とらえる地理的視点．地域の豊かなメッセージ」，「写真の目」は「景観・場所・地域・地理的な事象などの実態を『地理の眼』を通して，視覚的表現の媒介であるカメラで意図的で瞬時にとらえたもの」と説明している．しかし，「地理的事象」「地理的視点」が何かはあえて説明されていない．なお同書のタイトルにもある写真地理については，「地理的な写真を通じて広く地理教育全般にかかわり一貫性をもち，単に地理的技能の育成や，活用の方法などの補助的な手段ではなく，地理教育において多くの分野で，地理写真の特性をいかしたものである．そして，地理授業における興味・関心を引き出し，かつ内容理解をより深めるなどの効果を高める手段・目的において体系的に活用されることでもある」と言及されている．ここで

も「地理写真の特性」が何かは説明されていない.

このように,卓越した地理的センスならびに撮影技術と豊富な経験を有する石井や原の地理写真の地理写真たる所以は,おそらく両者にとっては,あえて説明するまでもない当然のことと認識されているものと思われる.しかしながら,1枚の写真で両氏が意図したもの,すなわちその「目的」「主題」を見る側の私たちが十分に理解できるかは,実ははなはだ疑問である.さらには,同じように意味のある地理写真を私たち自身が撮影できるかといえば,それは経験的に言ってもまったく別次元の話と言わざるを得ない.なぜなら,両氏の写真に感心し興味を感じた私たちが,いざ何らかの景観を写真におさめようとするとき,実は所与のものとして内在化されていた「主題」や「目的」を,私たち自らが新たに設定し,眼前の景観のなかにそれを読み解く能力と技能が必要不可欠となるからである.言い換えれば,景観写真は,景観を読み解く能力の育成,すなわち地理的見方・考え方の実践的理解と習得や高度化を促すものととらえられる.

2. 景観写真と地理教育

昭和初期,景観地理学の影響をうけ,「景観地理教育」と称する地理教育論が一時議論されたことがあるが,その後低迷した.第二次世界大戦後は,1960年代まで主に視聴覚教育の分野において,写真教材のハード面や技術面を中心とした検討が行われたものの,教育方法論的な議論は少なかった.その後,地理写真の有効性について,主に地理教育の分野を中心に検討が行われきた.

たとえば,須田・中村(1964)による児童の写真読み解きの能力や,読み解きの実態に関する考察をはじめとして,澁澤(1984)による地理的景観写真の生徒の判読能力に関する研究,石井(1985),八田(1989,2009),石井・寺本(1990),安岡(2009)など,写真活用の有効性と重要性や視覚教材としての意義,授業への導入方法,生徒の写真読み解きのプロセスやその実態・特徴・課題などに関する検証・研究が行われた.あわせて地理教育における景観の読み解き・把握や環境認知に関する研究の重要性は,斎藤(1978,1986),寺本(1986)らによって繰り返し指摘されてきた.なお,地理学・地理教育以外に,建築学・景観工学・メディア研究などでも写真の有効性や写真に対する評価・認識等に関する研究は数多い.

これら従来の研究にもとづき,教育的側面から見た景観写真の有効性と限界・制約について,以下のようにまとめることができる.

1) 景観写真の有効性

景観写真を利用することによって得られる成果として,以下の9点をあげることができる.

① 現場での直接体験を代替することができる.
② 地域・場所や,そこで生じるさまざまな事象,人々に対する興味・関心を高め,知りたいという動機付けをしたり想像力をふくらませたりすることによって,地域・場所を理解することができる.
③ 現実世界に対して人の目線や眼差しによる情報を提供し,理解することができる.
④ 同じ地域・場所における時間や季節等の変化や生活のリズムを提示することができる.
⑤ 写真に複数の要素を盛り込むことができることから,多面的・複合的な要素を説明・理解することができる.これは,関係性の論理を理解することにつながる.
⑥ 一時的・瞬間的に起こる事象や,一過性を有する情報を提供し,理解することができる.
⑦ 他の地域や場所,同じ場所の過去と現在を比較考察することができる.
⑧ 地域・場所の情報を記録し,保存することができる.
⑨ フォト・ランゲージやフォト・コミュニケ

ーションを行うことができる．なお，フォト・ランゲージとは写真を用いて行う参加型アクティビティやワークショップであり，これを教室で行うことによって共感的理解や想像力を高めることができる．それは，ものごとに対して多様なとらえ方があることに気づかせることにもつながる．無意識にもっている偏見や固定観念に気づくようになり，ひいてはマスメディアが提供するさまざまな情報に対しても批判的な見方ができるようになることが期待される．

以上をまとめると，景観写真の読み解きの作業を行うことによって，複合的要素によって構成される景観を解読する能力を高めることができる．そしてそれは，地域・場所の地理的な理解を深化させることはもちろん，現代社会を複眼的にとらえ，複雑な構造を総合的に知ろうとする姿勢を育むことにつながるものと考えることができる．

2) 景観写真の限界・制約

景観写真にはいくつかの限界があるため，読み解きに際して注意を要する．景観写真の限界と制約について，以下6点をあげておきたい．

① 直接体験に比べると，得られる情報が限られている．
② 写真には撮影者（提示者）ならびに読み解く者の主観性や恣意性，意図が含まれるため，実際の地域・場所をどこまで理解できるか，その目安が立ちにくい．
③ 撮影者（提示者）ならびに読み解く者の技術や方法，能力・経験・知識に差があることから，実際の地域・場所に関する情報が限られるため，説明可能な内容・量・質にばらつきが生じる．
④ 撮影者（提示者）と読み解く者の間で，場所についての理解にズレが生じ，実際の地域・場所に関する事実を見逃す可能性がある．
⑤ 撮影者（提示者）ならびに読み解く者によって特定の事象が誇張されたり，それによって固定的イメージや偏見・先入観が植えつけられたりする可能性がある．
⑥ 写真に撮影される景観は地域・場所のごく一部であり，写真によって切り取られた外側の景観はわからない．

以上のように景観写真は，あくまで実際の地域・場所が撮影されたものにすぎず，それを読み解く際には，写真の限界を十分に理解しておく必要がある．

3．身近な地域の景観

身近な地域の学習は，子どもたちが最初に経験する社会科学習であるが，ふだん見慣れた地域をあえて学ぶことへの動機づけは決して容易ではない．教師にとっても，一見普通に見える地域であればあるほど何をどのように取りあげるべきか，本や参考書のみから導くのは困難である．しかし，身近な地域の学習は，地域を空間的かつ多角的・多面的に見ることに加えて，現地で体験的に学ぶフィールドワークを活用しうる点で，学習指導要領がその育成を重視している地理的見方・考え方の本質をなす．

具体的には，地域の自然環境（地形・地質・水文・植生など）や経済活動，生活・文化，住民属性・コミュニティ等の社会環境などに着目しつつ，それらを別個にではなく，相互に関連づけて地域的特徴・差異を説明する．重要なことは地域を構成する多様な要素の連関であり，そこに内在する「しくみ」「構造」をいかに提示できるかである．その多様な要素の関係性が具体的かつ視覚的に現れたものがまさに「景観」である．景観は子どもが現地で直接確認できるのはもちろんのこと，地

原地より島地に

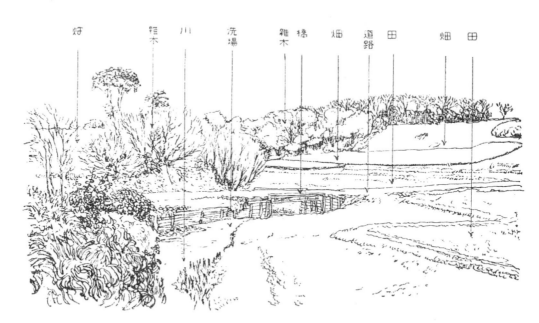

畑　田　畑　道　橋　雑　洗　川　雑　竹
　　　　　　路　　木　場　　木

南岸の台地は之を利用して田となせり北岸は急斜なるも緩斜なれば下地の湧出の水を被むる
積地多く農家見ざれど田植時には水豊かなりとふ（志村大日堂附近）は末一滴の水な

図2　小田内通敏『帝都と近郊』所収の景観写真とスケッチ
小田内（1918）所収モノクロ写真より．

写真25 「新　町」
「新宿停留場より約五丁の淀橋町新町は街道に沿ひて商業街区の発達せる事東京の如く，昔の街道沿の屋敷林の面影は僅かに右側の井伊邸に見るのみ」（下線著者）（現在の渋谷区代々木2丁目，文化女子大学のあたりである）

図3　『帝都と近郊』所収の地形図と景観写真
小田内（1918）所収モノクロ写真より．

形図や空中写真（航空写真）・衛星写真，景観写真，さらには絵画や文学作品等も景観の素材となる．

　第二次世界大戦前の東京近郊の都市化を詳細なフィールドワークと諸資料により実証的に示した小田内通敏（1918）『帝都と近郊』は，現場で描かれたスケッチ（今 和次郎・作）と地形図，景観写真との組合せをきわめて有効に用いた（図2，図3）．

　これらの景観写真には，通り沿いの店や看板・建物の様子，道行く人々とその服装・髪型や行動，荷車や自動車の様子，農作業をする人々，樹木や樹木により光が遮られて作り出された影など，じつにさまざまな要素が含まれている．

　すなわち景観写真は，場所・地域の立地や土地利用とともに，当時の人々の生活・風俗や都市化の実態を見事に表現していた．二次元データの地図では表現できない多くの情報を私たちに伝えてくれる．それは，地理学が伝統的に重視してきた鳥の目で俯瞰する視点とは異なる「生活者の視点」とも言うべきものであり，同時に，多くの発見や楽しさを与えてくれるものなのである．

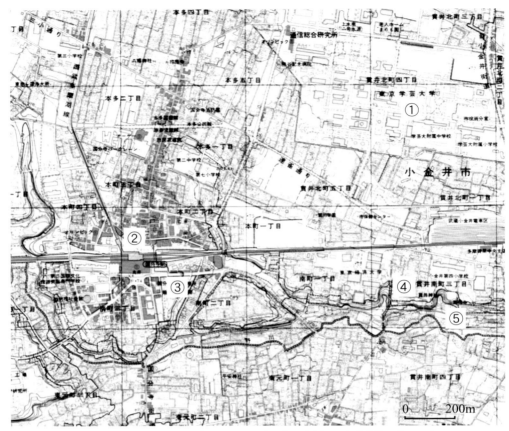

大学①は武蔵野台地上にあり，最寄り駅の国分寺駅②の南側に国分寺崖線が東西に走っている（屈曲した太線で描かれた等高線が密になっている範囲）．崖線上には③殿ヶ谷戸庭園，④くらぼね坂（コラム2），⑤貫井神社（コラム1）など，湧水，緑地，急坂，史跡があり，都市化のすすむ平坦な台地上に比べて，特徴的な景観がみられる．

図4　東京学芸大学周辺の概要（1万分の1地形図）

居住地から大学に通う大学生・大学院生たちの多くは，大学周辺地域のことに無関心な傾向である．このような学生たちが，大学周辺の地域に関心をもち，地理的な見方・考え方にもとづいて身近な地域を理解できるように，図中の範囲を3つのゾーン（台地，ハケ周辺，駅周辺）に分け，景観写真を用いたプロジェクトを試みた（表1参照）．

4. 身近な地域を事例にした景観写真の活用

　景観写真は，景観を読み解く能力の育成，すなわち地理的見方・考え方の実践的理解や高度化を促すものでありながら，従来，提示された地理写真のいかなる要素をどのように抽出・解読するかは読み手側の裁量・知識・技量に委ねられてきた．そこで筆者は，東京学芸大学での授業やゼミ活動において，景観写真を素材として，景観を読み解く視点や能力を養うための学びを試行してきた．

　なお，ここで景観写真という表現を用いるのは，すでに述べたように「写真で表現した内容」＝「地域や社会を構成する諸要素の関係性・複合体（しくみ・構造・システム）としての景観」との認識からである．また，写真を通して追究する目的が必ずしも地理学の枠組に限定されるものではないと考えたことも，理由の一つである．

　以下では，学生にとって共通の身近な地域でもある東京学芸大学周辺地域（図4）を対象に，

表 1　学芸大学周辺地域を対象とした景観写真プロジェクト

1. ねらい：地理的見方・考え方にもとづく景観の読み解き方の提示
（写真を撮ること自体が目的ではない）
2. プロジェクト概要
　(1)「景観」の観察：地域・場所の特徴・個性や変化・課題を構成している景観要素とその連関を現地で考察し，選定する．
　(2)「景観写真」の提示：上記の特徴を景観写真に表現し提示する．
　(3)「景観写真」の再解読；写真中の各要素が何を意味するのかを解説する．
3. 主な作業内容
　(1) 東京学芸大学周辺地域の特徴を検討・把握したうえで，各グループでフィールドワークを行い，現場の景観でいかなる地域的特徴を説明できるのかを考える．
　(2) 景観写真を撮影する．
　(3) 景観写真をもとに各ゾーンの地理的特徴について発表する．あわせて景観写真の解読を中心とした地域ガイドを作成する．

2008年度後期の大学院の授業科目「地歴教育内容基礎研究法C」で実施した景観写真プロジェクトの一端を紹介する．なお，本学周辺地域を取り上げた理由は，現地調査の利便性に加え，それが本学の学生にとっては身近な地域である反面，日常的なつながりは稀薄であり，帰属意識や愛着を感じる対象になりにくいためである．景観や場所の地理的見方を学び，フィールドワークを行うことで，生活世界への関心・理解を高め，新たな発見や楽しみを生み出したいと考えた．

本プロジェクトの概要は表1の通りである．

本学周辺地域の自然環境や歴史的変遷，地域的特徴などについて一連の講義と関連した巡検を行った後に，本プロジェクトを実施した．なお，本学周辺地域の地理的特徴をとらえるうえで重要な3つのゾーンとして，台地ゾーン，ハケ周辺ゾーン，駅周辺ゾーンをあらかじめ設定した．現地での観察や景観写真の場所選定・撮影等の作業は，受講した院生10名を各ゾーンのグループに分けて行った．

当プロジェクトで作成した『学芸大キャンパスおよび周辺ガイド』（椿2012）の一部をコラム2に示した．景観写真の解説にあたっては，地理的視点にもとづき注目すべき景観要素を抽出して写真中に指示し，内容を簡潔に示しているので参照いただきたい．

（椿 真智子）

文　献

石井 實 1985．地理写真考．理論地理学ノート 4：25-36．
石井 實 1988．『地理写真』古今書院．
石井 實・寺本 潔 1990．地理写真の教材化に関する方法論的考察．新地理 38（2）：37-43．
上野和彦・椿 真智子・中村康子編著 2007．『地理学概論』朝倉書店．
小田内通敏 1918．『帝都と近郊』有峰書店．
澁澤文隆 1984．地理教材としての写真資料．筑波大学附属中学校研究紀要第36号：1-22．
須ży坦男・中村治行 1964．写真観察における子どもの観察力の実態とその発達段階．新地理 11（4）：64-74．
椿 真智子 2012．『学芸大キャンパスおよび周辺ガイド』東京学芸大学椿研究室．
八田二三一 2009．中学・高校地理教育における地理写真の教材的効果に関する一考察．新地理 57（2）：1-18．
原 眞一 2012．『写真地理を考える—a Photograph Notebook』ナカニシヤ出版．
安岡卓行 2009．地理写真を使用した読解力の育成に関する実証的研究．新地理 57（3）：14-25．

Column 1
ハケの景観写真を読み解く

　東京の西に広がる武蔵野台地には，北西から南東にかけて一筋の崖が延びている．これはかつて古多摩川によって形成された段丘崖であり，国分寺崖線（がいせん）（あるいは府中崖線）と呼ばれる．しかし地元の人々の間では，この崖はハケの名で親しまれてきた．ハケにまつわる地形については，ここを舞台にした大岡昇平の小説『武蔵野夫人』にかなり詳細に描写されている．文学作品とはいえ，そこに描かれている地形は，現在のように住宅化が進む以前の状況であり，ハケの景観を学ぶうえで必読の書といえる．

　ハケの上に広がる台地では，降水はローム層とれき層を浸透して地下水となり，南に向かって徐々に流れてゆく．ハケには礫層が露出し，地下水がしみ出してくる．その結果，ハケ下には多くの湧水が見られる．これら湧水は次第に野川に集まって東へと流れ，やがて多摩川に合流する．一帯は旧石器時代から人々の生活の場であり，多くの貝塚や遺跡が残されている．

　ハケは思った以上に険しく，急である．東京学芸大学に近いところでは，その比高は15m以上に達する．大学から南下してゆくと，平坦な住宅街をぬけた先，いきなり急崖（きゅうがい）の上に出て視界が開けるので驚かされる．ハケ下に広がる平地には今でこそ住宅などの建物が密集しているが，かつては遠く多摩川の流れとその対岸になだらかに広がる多摩丘陵，そしてはるか先には富士山が望めたはずである．

　そんな風景を想像しながら階段を下りてゆくと，ハケ下に位置する貫井（ぬくい）神社の境内にたどり着く．池を渡った先に置かれている本殿は，崖線がちょうど馬蹄形のように台地に食い込んだところに位置する．この馬蹄形の地形は，湧水によって進んだ侵食によるもので，ハケ下には今も湧水が見られる．もっとも，市街地化が進んだため，水量は以前に比べるとずっと少なくなっている．

　武蔵野台地では水は古くから貴重だった．たとえば東京学芸大学のある小金井市という地名も，かつて「黄金井」と称されたように，貴重な湧水に因んでいる．弁天様を祀っている貫井神社をはじめ，かつてハケ下には水を取る水場がいくつもあった．富士山が望める景勝地だったからか，明治期以降，ハケ上には多くの別荘や邸宅がつくられ，美しい庭園が設けられ，ここにも水が利用された．その様子は，かつての別荘の一部を残した滄浪泉園（そうろうせんえん）や殿ヶ谷戸（とのがやと）庭園に見ることができる．JR中央線の国分寺駅南口から徒歩5分ほどに位置する都立殿ヶ谷戸庭園は，かつて三菱財閥の岩崎家の別邸であり，南に向かって下るハケの地形と湧水を巧みに取り入れたみごとな庭園美を楽しめる．これらの庭園は，一時開発の手が伸びたが，市民が反対運動を繰り広げた結果，開発から免れた貴重な緑地である．

　市街地化が進むなか，JR国分寺駅と西国分寺駅のほぼ中間に位置する真姿（ますがた）の池が1985年に日本名水百選に選ばれ，そこから流れる清水沿いの小道「お鷹の道」とともに，貴重な緑地空間として保存されている．崖を覆ううっそうとした雑木林のなかに，大きな屋敷を構えた農家が並び，小川の脇に朝採りの野菜を並べた庭先販売の景観は，長くハケ一帯で培われてきた人々の暮らしそのものといえよう．都会の喧騒がすぐそこまで迫るなか，せせらぎを聞きながら深呼吸すると，つい東京にいることを忘れるほどである．

（加賀美雅弘）

写真1 神社正面

写真1 貫井神社（神社正面）（2009年1月撮影）

貫井神社は，1590年に水の神である弁財天を祀ったことが始まりとされている．図2によると，境内が馬蹄状に崖線に囲まれているのがわかる．崖線沿いでは縄文時代の遺跡が発見されている．1923〜1977年には，神社前に湧水を利用した50mプールがあった．湧水量の多さがわかる．

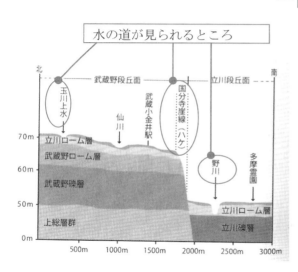

図1　小金井付近の地層断面図

＊文中の地名については，第1章図4を参照．
＊ハケのさまざまな景観については，コラム2も参照いただきたい．
＊写真と図は，キャンパス周辺散策ガイド制作委員会編（2004）より引用．

参考文献

大岡昇平（1953）：『武蔵野夫人』新潮社．
大森昌衛監修（1989）：『東京の自然をたずねて』築地書館．
貝塚爽平（2011）：『東京の自然史』講談社（学術文庫）．
キャンパス周辺散策ガイド制作委員会編（2004）：『武蔵野の自然と歴史「キャンパス周辺散策ガイド」』東京学芸大学出版会．

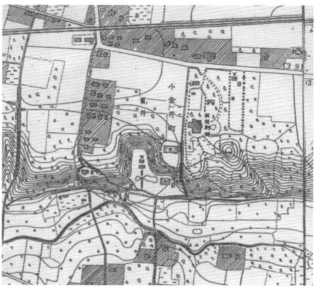

図2　1942（昭和17）年の地形図

Column 2
若者が読み解いた身近な地域

大学院生がフィールドワークを行って撮影した景観写真に，解説を行うことで地理的見方・考え方に基づく景観の読み解きを行った（第1章文末「景観写真プロジェクト」参照）．その作品をいくつか紹介する．身近な地域を理解していく手法の一つとして，参照いただきたい． （椿 真智子）

水がまねく人々の行きかう道
—お鷹の道—

（写真はすべて2008年12月撮影）

写真1 スタート地点

江戸時代，崖線周辺の村々は，尾張徳川家のお鷹場であった．崖線下の湧水を集めて野川にそそぐ清水沿いの小道は，「お鷹の道」と呼ばれるようになり，現在は遊歩道として整備されている．国分寺駅から約15分程度の距離に立地しながら，ハケ沿いには旧・国分寺本村の名主の屋敷や草葺き屋根の母屋，長屋，蔵などがならび，かつての農村風景を彷彿とさせる．

農家の庭先には，新鮮な野菜を売る無人スタンドがあり，都市農業の一端をみることができる．

週末には多くの人が散策に訪れ，ハケ周辺が観光スポットになりつつある．

写真2 崖線南側の景観

「お鷹の道」沿いにある農家の多くの苗字は，本多新田の由来となった「本多さん」である．現在もいろいろな種類の野菜をつくり，庭先で販売している．休日，道を散策する人が立ち寄り，野菜を買いながら，今も残る蔵や家などでの暮らしぶりについて，農家の方と会話する様子が見られた．

写真2の道沿いには，湧水による「真姿の池」があり，水の神である「弁財天」が祀られている（写真3）．また，湧水を汲める場所も近くにあり，訪れる人の多い場所である．

写真3 真姿の池

くらぼね坂と新小金井街道

(写真はすべて 2009 年 1 月撮影)

写真1　くらぼね坂の上（北側から）

傾斜 8％に注　　自転車を押してのぼる

くらぼね坂（鞍骨坂）

写真3　新小金井街道の上（北側）から

はけうえ遺跡　　新小金井街道

写真2　くらぼね坂の下（南側）から

写真4　新小金井街道の下（南側）から

写真1，2のくらぼね坂は，鞍をつけた馬でも骨が折れるほど大変な上り坂という意味の急坂である．武蔵野段丘上にある「はけうえ遺跡」からは，中石器時代の石器が出土しており，また縄文時代の竪穴住居跡などが発見されている（写真3，4）．現在は新小金井街道と国分寺崖線が交わる通路となっている．

国分寺崖線（ハケ）の南に広がる立川段丘　　立川段丘面の南側、彼方に見えるのは多摩丘陵

写真5　東京経済大学の西の坂上（北側）から

急勾配の国分寺崖線を直滑降で降りていく自動車

　写真5の位置からの眺望は，府中・調布方面，遠くには多摩ニュータウンの丘陵，さらに快晴の日には丹沢，大山，富士山まで見ることができる．写真の右（西側）から左（東側）に国分寺崖線（ハケ）が続く．

　国分寺崖線（ハケ）の高低差は17m前後あり，自転車をこいでのぼる姿を見かけることは少ない．自動車もエンジン音を上げて一気にのぼっていく．下りはスキージャンプの選手のように直滑降で降りる．

第2章 景観写真教材による指導
― 組写真を工夫してみよう ―

　教科書がフルカラー化・大判化し，景観写真，とくに大きく掲載されたものは生徒の目を惹きやすくなった．景観写真は，誰でもある程度の読み取りをすることができ，地域のようすを具体的にイメージさせてくれる．歴史や公民で多く使われる文章資料等と比べて，生徒の食いつきははるかによい．

　学習指導要領は，地理的技能として，地図の読図や作図と並んで，景観写真の読み取りを挙げている．多くの教科書が景観写真の読み取り方についての解説欄を設けている．景観写真を読み取る力が高まれば，フィールドワークはもちろん日常生活や旅行においても，目前の景観を観察する力が高まることが期待できる．景観写真を授業でもっと取り上げ，活用することが求められる．

1．景観写真と地域イメージ

【印象に残りやすい景観写真】　世界地理の学習を終えた中学2年生に，北アメリカ州，アフリカ州，ムスリム（イスラームを信仰する人々）のくらしについて，それぞれ思い出す写真を2枚描いてコメントしてもらった．北アメリカ州では円形農場がとくに多く，次に小麦の収穫，ニューヨークが多く描かれた．大学2年生や大学院生に調査した結果も同じであった．現行教科書をみると，円形農場の写真は全社で掲載され，しかもほとんどが導入教材として大きく掲載されている．航空機工場の写真も全社が掲載し，しかもその半数が大きく掲載しているのに，それを描いた生徒はいなかった．航空機工場の大きさを想像できずに自動車工場と同じ感覚でとらえ，印象に残らないのであろうか．その点，円形農場は日本では見られない特徴的な景観で，しかも授業で重点的に学ぶ大規模農業の象徴として強く印象づけられるのであろう．

　アフリカ州については，半数近くの生徒がサバンナ（多くは動物を含む）を描いた．サハラさばくも多かった．日本には見られず，スケール感を感じさせられる景観は印象的に映るようだ．次いで多く描かれたのは貧しい子どもたちであった．自分と同年代の子どものくらしは生徒の関心を惹きやすいこと，教師がテーマに取り上げて深く学んだことによるものであろう．しかし，特定の景観写真が挙げられたわけではない．教科書に掲載されている写真では，セネガルの「奴隷の家」を数名が描いた．植民地時代の象徴として印象に残ったのであろう．

　生徒のイメージと大きく異なる景観写真や感性に強く訴えるような景観写真，同世代のくらしを写した景観写真は印象に残りやすいといえる．

【ステレオタイプの助長を避ける工夫】　ムスリムのくらしについては，約7割の生徒が集団で礼拝しているようすを，また，3割強の生徒が肌を露わにしない女性の服装をそれぞれ描いた．因みに写真ではないが，酒や豚肉などに×（禁止）を付けた絵を半数近くの生徒が描いている．絵も写真も図版として一括されているようだ．このほか，過激派の戦闘行為も，男子を中心に多く描かれた．

　「世界各地の人々の生活と環境」の学習では，全ての教科書が集団礼拝と女性の服装を掲載している．このほか，注文コーナーが男女別に分かれているファストフード店の景観写真を2社が取り上げている．これらは教えに従った日常生活を示している．しかし，生徒はイスラームに対して理解しにくい，堅苦しい，前近代的な宗教といったイメージを持っており，これらの景観写真が否定

的なイメージを助長させる恐れがある．

　教科書では工夫もみられる．K社はアフガニスタン，インドネシア，トルコ，エジプトの4枚の写真を載せ，服装の地域的多様性を示し，「ジーンズをはいている人もいるね」という吹き出しも付けている．T社はさまざまな色のベールを着用している姿を写している．他の2社は，アジア州の学習で，ファッション性豊かな服装の展示や，服装が自由なクウェートの例を載せている．これらはステレオタイプを防ぐ可能性がある．

　次に，本単元を学習済みの中学1年生にK社の写真から気づいたことを挙げさせた．4割強の生徒は肌を隠していることのみ回答した．共通点を答えたと解釈できるが，既習事項の確認に止まった回答ともいえる．カラフルさに着目した生徒は2割弱，地域的多様性に着目した生徒は女子を中心に1割5分程度に止まった．4地域を載せた教科書編集者の意図が伝わっていないといえる．

　表情に注目した回答も多かった．楽しそう，仲がよさそうという回答が約1割，イスラームは怖いというイメージとは違うという回答も複数あった．その一方で，「笑顔の裏に自爆する人がいると思うと怖い」，「平和そうに見えるが影の指導者がいる」，「貧しい」という回答があった．これらの回答者は皆，ムスリムのくらしについて思い出す写真として過激派グループを挙げている．同じ写真を見ても，既得のイメージによって非常に異なった反応をすることに留意する必要がある．

　以上のように，景観写真を一見しただけでこの地域はこうだなどと決めつけたり，自分の持っているイメージに沿って「やっぱり」と表面的にとらえるだけですませたりして，よく読んでいないことがうかがえる．景観写真の取り上げ方を工夫するとともに，読み取りの指導が重要である．

2. 日本とイギリスのテキストブックの比較

　教科書における景観写真の位置づけについては，見開き左ページに導入教材として生徒の関心を高めるような景観写真を大きく載せている場合と，本文の理解を助けるための補助教材として載せている場合に大別できる．前者では，キャラクターが写真から気づいたことや疑問を語っている．後者では，景観写真からでは読めないことまで記した詳細なキャプションが付いていることが多い．これでは吹き出しやキャプションを読んで終わりという思考停止状態に陥り，肝心の景観写真の読み取りをおろそかにする危険性がある．

　イギリスのテキストブックでも景観写真が多く掲載されている．それらから読み取れることを景観写真の周囲に書き出したダイアグラムも見られ，一枚の写真からたくさんのことを読み取れることを示している．大きな特徴は，掲載した景観写真を使ったアクティビティが課されていることである．開発教育の先進国であるだけに，その内容は示唆に富む．たとえば外国の学習で，初めにその国についてのイメージを尋ねて，それに沿った景観写真を紹介している例がある．そのイメージはどこから来るのか尋ね，先入観に疑問を持たせている．なかには多数の景観写真を載せ，観光用にはどの写真を使うか，外国企業を誘致するためなどといった用途に従って，それぞれどの写真が良いか尋ねている例もある．

　内容面では，都市と農村，豊かな地域と貧しい地域といったように，対照的な景観写真を組み合わせて掲載している．イギリスの地理教育ではこうしたバランスを重視し，地域的多様性を示すように工夫している．

　このほか，写真では読み取れないことや撮影意図を尋ねるなどしている．景観写真もメディアの一つとして，メディア・リテラシーの育成に努め，撮影者がイメージする内容がそのまま読み手のイメージを左右させないように留意していることがわかる．このように，景観写真を批判的に「読み解く」ことに注目したい．

組写真① 同一場所の異なる時間

マレーシアのクアラルンプールの繁華街アロー通り．ショップハウスという4階建ての2階以上は住宅やオフィスに利用され，1階は飲食店になっている．2014年8月撮影．

→写真 1-1　朝のアロー通り
　　道路脇に縦列駐車ができている．
↘写真 1-2　夜のアロー通り
　　陽が落ちる頃，1階飲食店のテーブルが車道にまで出され，屋台街に変わる．車もゆっくり進む．

組写真② 同一場所の経年変化

宮城県女川（おながわ）．

↖写真 2-1　2011年11月
　　東日本大震災から半年以上経過した状態．水溜りが残っていた．
←写真 2-2　2017年8月
　　6年後，土地の嵩上げがなされ，高台に家が建てられていた．

組写真③ 同一地域内の異なる景観

インドのコルカタの2つの都市景観．

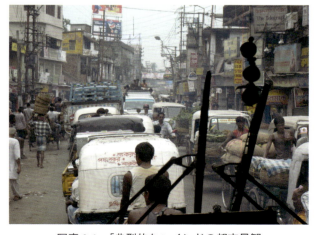

写真 3-1　「典型的な」インドの都市景観
車中から撮影（2007年8月）．

写真 3-2　「典型的でない？」インドの都市景観
新中間層が多く住む郊外のマンション群（2007年8月撮影）．

組写真④
同一の地理的事象（水上家屋）を異なる視点でとらえる

東南アジアやニューギニア島では，さまざまな「水上家屋」の集落が見られる．
ブルネイの首都バンダルスリブガワンでは，4万人が住む大規模な集落がある（写真4-1～4-5）．涼しさや害虫対策といった快適さ，漁業の便利さから形成されたという．

↑写真4-1　外からみた景観
電線や水道管が見え，電気や上・下水道が完備されていることがわかる．

←写真4-2　内側の景観
大勢の人を招くため，居間は広い．奥に廊下，部屋，炊事場と続く．外側の景観だけ見ていてもわからない．

↙写真4-3　学校もある！
↓写真4-4　玄関には住居表示も

↓写真4-5　日本の住宅会社が建てた近代的な水上家屋
以上，ブルネイ（2014年7月撮影）．

水上家屋といっても一様ではなく，近代的な2階建て（写真4-6）もあれば，集落がスラム化（写真4-7）している場合もある．

写真4-6　近代的な水上家屋
パプア・ニューギニア（2006年8月撮影）．

写真4-7　スラム化している水上家屋
マレーシアのサンダカン（2014年7月撮影）．

3. 景観写真の選定

　教師は「典型的な景観写真」を求めがちである．しかしそれはともすると特定の視点によるとらえ方に偏り，ステレオタイプを助長する恐れがある．

　偏りを防ぐために，地理学が大切にしてきた地域的多様性を示す組写真を提示するとよい．一枚でも多様な要素が含まれている景観写真は効果的である．たとえば「途上国」の大都市の景観写真を，まず高層ビルが林立している部分だけ見せる．イメージと違って驚く生徒もいるだろう．次に隠しておいた近景に写っているスラムの景観を見せる．この対照的な都市景観は生徒に印象的に映る．

　イメージと異なる景観写真は効果的である．たとえばサウジアラビアの首都リヤドの夜の都市景観は，広いさばくのなかにあるとは到底想像できない近代的な景観である．ネガティブなイメージが強い地域については，旅行ガイドに掲載されている，観光客を惹きつけるためにプロが魅力的に撮った景観写真が使えるであろう．イギリスのテキストブックでは，ケニアの子どもたちの笑顔を載せて，経済的には裕かでなくても精神的には貧しいわけではないことに気づかせて，既得のイメージを揺さぶっている．

　今日ではネットでさまざまな景観写真が得られ，とても便利である．利用の際は，撮影時期や撮影意図等に留意したい．なお，国士舘大学地理学教室のホームページに『今月の地理写真』があり，地理学者が撮ったさまざまなテーマの景観写真が満載である．(http://bungakubu.kokushikan.ac.jp/chiri/Photo/BascNumber.htm)．

4. 組写真の活用

　一枚の景観写真を読み解くのは決して容易ではない．その点，複数の景観写真を比較する方が，視点がはっきりして，読み解きが容易になるという利点がある．

　組写真には以下の三つのパターンが考えられる．

【同一場所の異なる時刻・季節・経年変化の比較】
　たとえば郊外の鉄道駅ホームの朝と昼間（写真略），繁華街の朝と夜（組写真①），地中海地域の夏と冬の植生（写真略：日本とは緑の季節が逆になる！）は対照的でわかりやすい．また，組写真②のような地域の経年変化は生徒の興味・関心を高めやすい．どのような変化が見られるか，なぜそのような変化が起きたのか，その変化についてどう思うか，追究させたい．その際，変わっていないことにもぜひ注目させたい．

【同一国内・都市内の異なる地域の比較】　その差異と共通性をとらえさせる．たとえば組写真③から，低所得者が多く暮らす地域と中間層が暮らす郊外の高層住宅地域とが対照的にとらえられる．しかし，人口密度の高さは共通している．こうして，地域的多様性や地域格差をとらえることができるし，当該地域に対するステレオタイプの解消も期待できる．

【同一の地理的事象を異なる視点・地域などからとらえた比較】　たとえば組写真④の写真4-1，4-2のような建物の外観と内部の対比である．外観からではわからない室内の広さや数々の装飾品を見て，水上家屋に対するイメージは大きく変わるであろう．また，同一事象の地域による景観の違いもその例である．たとえば一口に水上家屋といってもさまざまである．ブルネイの首都バンダルスリブガワンにある水上集落には，学校（写真4-3）や消防署，モスクもあり，電気も上下水道も完備され，生活は水上で賄える．日本の住宅会社は2階建て住宅を建てている（写真4-5）．パプア・ニューギニアでは近代的なつくりの住宅も見られる（写真4-6）．一方，同じカリマンタン島のサンダカン（マレーシア）ではスラム化している水上集落もある（写真4-7）．

　旅行や巡検の際には，一つのテーマを多様な景観写真から追究できるように撮影するようにしたい．たとえば都市と農村の両方の景観を撮影するなどして，地域的多様性に留意したい．

5. 景観写真の読み解きの指導

　地理写真の先駆者である石井（1988）は，次のような展開を示している（下線筆者）．

① 何を写したものか．
② 写っているものは何と何か．
③ 何がわかり，<u>何がわからないか</u>．
④ <u>写っているものの間に関係はあるか</u>．
⑤ 関係があれば，どれとどれか．
⑥ どのような関係か．

　一般的に，画面全体で大きく，または多く写っているものに目が行きやすい．まずそれを中心に地理的事象を読み取り，疑問に思ったことを出して考察させるとよい．

　景観写真に写っている複数の地理的事象の関連を考えさせる場合，まずその景観写真から読み取ったことを箇条書きに，できれば一つずつ付箋に書かせ，グループで出し合う．同じ景観写真を見ても，子どもによって注目するところが異なる．思わぬ子どもが活躍することがしばしばある．そうした子どもの満足感を高めやすいという効果もあるのが景観写真の特長である．

　たとえば民家の景観写真は，複数の地理的事象の関連を読み取りやすく，多くの教科書に解説が載っている．読み取った複数の事象を，住居の特色とそれが見られる理由について，相互に関連づけて整理して読み解かせる．

　一見しただけでは気づかない内容に目を向けるためには，一枚の景観写真を，近景，中景，遠景などに分割して読み解かせるとよい．また，景観写真をスケッチさせると，景観をより丁寧に見ることになる．そこに自分が読み解いたことを書き込ませるとよい．この注釈付スケッチはイギリスでは重視され，一般中等教育資格試験（GCSE）でもよく出題されている．

　なお，地図の学習では，景観写真と併用するととくに初心者にはイメージが得やすく，読図が容易になりやすい．Googleマップは同一の場所を地図と景観写真で見ることができる．景観写真ではわからない土地や建物の利用は地図で補完できる．

6. 景観写真の解釈と批判的考察

　開発教育がよく用いる手法にフォトランゲージがある．これは一枚の写真を見て，写っている人などの立場に立って考えたり，いろいろな観点で話し合ったりする手法である．同じ景観写真を見ても，その印象は，生徒の生活経験などによって異なる．組写真⑥の大久保の景観写真を見て，エキゾチックな雰囲気に好感を示す生徒もいるし，外国人に乗っ取られたようだと嫌悪感を示す生徒もいる．それを出し合い，友達と話し合うなかで，先入観や偏見に気づかされることが期待できる．

　イギリスのテキストブックや開発教育によく見られるように，たとえば撮影者は何を目的にその景観を撮ったのか考えたり，切り取られた景観写真の外側にどんな景観があるか想像させたりして（先入観や偏見に気づかせるために，写真の一部を見せて，後で全体を見せるという手法も用いられる），景観写真には撮影者の主観が入っていることを理解させて批判的思考力を育成するようにしたい．こうした活動は，既述の石井が示した読み解き指導のうち，景観写真からではわからないことは何か考えさせることに通じる．

　自分が景観写真を撮る時，その目的に応じた部分を切り取ることはよくある．自分自身が何をどう写したいと思うか考えれば，景観写真の撮影者の目的は予想がつく．「真実を写す」と書く写真も，所詮切り取られた真実であると批判的にとらえることが大切であり，メディア・リテラシーの育成に役立てたい．

7. 組写真を活用した指導例

【アメリカ合衆国の農業：組写真⑤】　生徒の印象に残りやすいアメリカ合衆国の大規模農業の指導

組写真⑤
指導例：アメリカ合衆国の農業

写真 5-1　センターピボット灌漑装置

写真 5-2　大平原と牛と風車
風車は何のためにあるのか，考えさせる（本文参照）．

写真 5-3　フィードロット
フィードロートの意味を辞書で調べさせると効果的である（本文参照）．

写真 5-4　カントリーエレベータ
と穀物輸送トラック
大きさを考えさせる（本文参照）．

写真 5-5　東南アジア系店舗

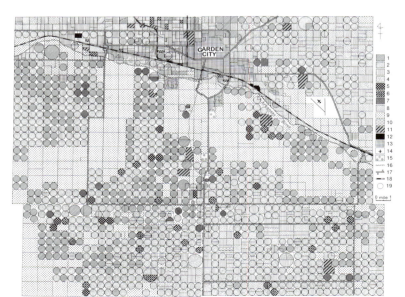

図 5-1　フィニー郡南部の土地利用

凡例
1 アルファルファ，2 とうもろこし
3 小麦　4 ソルガム　5 じゃがいも
6 大豆　7 ブルームグラス
8 夏季休閑　9 放牧地　10 その他の作物
11 フィードロット　12 食肉加工工場
13 市街地　14 空港　15 ゴルフ場
16 河川　17 主な道路　18 鉄道
19 センターピボット灌漑

写真 5-1〜5，図 5-1 は矢ケ崎ほか編
(2003)『アメリカ大平原』より転載．

組写真⑥
指導例：国際都市東京の多文化化

東京都新宿区大久保にて．
写真1~3は2017年9月撮影．
写真4~5は2017年7月撮影．

→写真6-1　イスラーム横丁

↓写真6-2　新大久保駅ホーム
　西側の一番街

↑写真6-4　新大久保駅前
の商業ビル

↑写真6-3　「イケメン通り」の韓国料理店と美容院　　↑写真6-5　店舗付きマンション

について考えてみよう．本時では，フィールドワークによる詳細な調査を基にした，景観写真が豊富な矢ケ﨑ほか（2003）を活用する．

まずアメリカ合衆国が農産物を，日本をはじめ世界各国に大量に輸出していることをとらえ，それはなぜなのか関心を持たせる．

まず空から見た円形農場の写真を映す（写真略）．生徒はこの奇妙な景観に関心を持つ．筆者は教科書を開かせない．生徒がキャプションを見たり本文を読んだりして景観写真をよく読み解こうとしなくなるからである．この景観写真を見て思ったことや疑問を引き出す．疑問は次々に湧いてくる．なぜ円形なのだろう．何を栽培しているのだろう．なぜ色が違うのだろう．畑の大きさはどのくらいなのだろう．円形の隅っこはどうするのだろう，などなど．

まず円形の理由について，円の中心をズームイン．地表から見たセンターピボット灌漑装置（写真5-1）を見せる．空から見た景観写真ではわからない大きな装置に驚く．長さはどれくらい？

ここで地図（図5-1）の出番！スケールを使って計算する．円の直径は約800m！それってどういう距離？身近な距離（たとえば学校から駅までの距離）と対比する．えっ！思わず声が上がる．筆者は，センターピボットにスイッチを入れて散水する映像（NHK教育テレビ）を見せた．ここは動画が優る．

次に，なぜ灌漑が必要なのか考える．生徒は乾燥しているからだろうと予想する．この段階で，この場所を地図で探す．乾燥地域であるが，西方にロッキー山脈があり，高山に降った降水・降雪のおかげで地下水が豊富である．次に写真5-2を提示し，かつては風車を用いて地下水を得たことをとらえる．写真5-1と5-2の対照的な景観から，技術の変化を印象的に読み解くことができる．

地図（図5-1）にもどって，最初の疑問の一つである土地利用を調べる．とくにとうもろこしやアルファルファが多い．これらが飼料用であることをとらえ，なぜわざわざ乾燥地域で栽培するのか問う．地図をよく見ると，四角い土地も多く，そこは放牧地となっている．

そこで，フィードロット（写真5-3）を見せる．柵のなかにたくさんの牛が見える．全部で何頭？とても数えられない！遠くに見える高い建物は何？エレベーター，えっ？な～んだ，飼料を貯めておく所か．輸送用トラックも大型なのに，それをしのぐ巨大さに驚かされる（写真5-4）．

フィードロットの意味を辞書で調べ，肥育場であることをとらえる．ここの牛がやがて日本にやって来る，肉として．ではだれが加工するの？写真5-5を提示し，なかにベトナム料理店などがあることを述べ，食肉工場では東南アジア系の人などが働いていることをとらえさせる．こうして，私たちは牛肉を安くたくさん頂けるのだ．

しかし，これで止めてはいけない．心配事はないか？これからも持続的に牛肉を頂けるであろうか？すると，地下水を大量に組み上げて，なくなることはないのだろうかという疑問が出てくる（今日では節水型に代わっているという）．

そこで，乾燥地域などで行われている機械を使った大規模な農業による問題点として，塩害と表土流失，さらに，化学肥料の大量使用による地下水汚染などの問題を提示する．ヴァーチャル・ウォーター，エコロジカル・フットプリントに触れるとよいだろう．さらに，果樹栽培では多くの移民労働力に頼っていることにも注目させる．

複数の景観写真から，大規模農業生産を印象的かつ具体的にとらえられる．そして，一見輝かしく見えるアメリカ合衆国の大規模農業の光と影の両面を考察できる．お決まりの景観写真だけでは影が見えにくいことに注意して指導したい．また，センターピボットによる灌漑は世界各地の乾燥地域でもみられることに触れておく．

【国際都市東京の多文化化：組写真⑥】　国際都市東京には，長く住んでいる外国人も多く，彼らが多く集まる地域の景観は特徴的である．その典型

的事例として大久保を取り上げる．授業では最初は場所を隠しておく．

　かつては韓国系ショップが大半であったが，今や多文化化が進んでいる．写真6-1のように，とくに山手線の西側で顕著である．看板を見るとハングルあり，英語・日本語入り混じっている．いったいここはどこでしょう？　手前の看板に大久保とある．山手線新大久保駅改札口前の信号を渡ってすぐの所である．地図帳で，新宿の隣の駅であることをとらえる．

　看板の SPICE，KEBAB，HALAL FOOD という語に注目する．左奥の緑の看板の白地の部分にはINDIAN，CURRY，ARABIAN．TURKISH と書かれている．正面の1階の店内には白い帽子をかぶり，白いゆったりした服装をしているムスリムが見える．この一角ではムスリムがハラル食材を得られる．看板に使っている緑色は，ムスリムにとって神聖な色である．4階にはムスリムの礼拝所（マドラサ）がある．このエリアはイスラーム横丁と呼ばれ，ムスリムにとってハラル食材を得る場，礼拝の場，相互交流の場という貴重な空間であることがわかる．

　しかし，イスラーム一色ではない．ネパール・インド料理店（多くはネパール人が経営）が見られるほか，電光掲示板にはベトナム料理のフォーが示されている．さらに韓国系の美容室，国際送金の店，語学学校（日本語学校）があり，国際色豊かである．

　写真6-2は駅のホームに並行する一番街である．ハングルやヒンディー文字，ネパールやベトナムの国旗も見られる．レストランのほか，美容院・不動産，格安航空券や携帯を扱う小規模店舗が見られる．店舗には，主に外国人を相手にする店舗と日本人も相手とする店舗とがある．左奥のビルの2～3階には住宅が見られる．道路の反対側は楽器店・同修理店が集まり，日本人が多い．

　次に山手線の内側，通称「イケメン通り」（写真6-3）の景観写真を写真6-1, 6-2と対比する．ここでは韓国レストランとコスメショップが見られ，看板にはハングルが大きく示されている．山手線内側は，大久保に最初に進出した韓国系の店舗が依然多く，山手線外側とは対照的である．

　駅前の大通りに面したビルの看板は目立つ（写真6-4）．地下1階～地上3階は日本のチェーン店が入っていて，4階から上はハングルの看板も見える．5階はリラク，不動産，チケット店，6階は中華物産店や携帯関連の店があるようだ．駅前の大通り沿線は地価が高く，低層階に大手の店舗が入るのは予想できる．地上からは目立たない中高層階には外国人経営の店舗が見られ，派手な看板で人目を惹こうとしている．なお，写真6-5のような下駄履き住宅ならぬ下駄履きマンションも見られる．このように土地が高度に利用されている都心部では垂直方向の利用状況をつかむ．

　これらの景観写真を見て，既述のように，外国に乗っ取られたようだという感想も出るだろう．実際，この地域では外国語が飛び交う．かつては看板にはハングルだけという店もあったが，今や日本語の看板が圧倒的に多い．かつては外国人の入居は忌避されていたが，今や大久保はさまざまな人々が一緒に生活する，多文化・多民族が共生する町となった．ヘイトスピーチの標的にもなるが，この多国籍性が多くの日本人を惹きつけている．

　稲葉（2008）は「オオクボ」の景観の変化をよくとらえている．各店舗のようす・看板，町行く人を通して，オオクボ内の地域的多様性や地域変化を含めて，この町を多面的に考察したい．

（荒井正剛）

文献
石井實1988．『地理写真』古今書院．
稲葉佳子2008．『オオクボ　都市の力　多文化空間のダイナミズム』学芸出版社．
矢ケ﨑典隆・斎藤功・菅野峰明編著2003．『アメリカ大平原―食糧基地の形成と持続性―』古今書院．(2006に増補版)

Column 3
カザフスタン：ステレオタイプを打破する

(荒井正剛)

◎ 乾燥した大地のイメージ？

右上写真（クズルオルダ州）のような乾燥した大地がイメージされやすいカザフスタンの旧首都アルマティの景観は，生徒には意外だろう．人口171万人（2016年）で交通渋滞がひどい．山脈北麓に位置していて風通しが悪いこともあり，スモッグが深刻である（2014年10月撮影，下写真 Dr. Kuanysh Tastanbekova 提供）．

◎ イスラームの女性は肌を隠す？
ほとんどの女性は洋服を着て，肌を隠していない（左写真）．祖先崇拝が強く，イスラーム圏では珍しく墓が大きい（下写真）．イスラームの地域的多様性に注目！　2016年9月撮影．

◎ アラル海はなくなった？
2000年代に入り，政府がシルダリア河口に締切堤を造り，小アラルは復活し始めている（右写真）．一方，複数の国を通るアムダリアが流れ込む大アラル（左写真，白くみえるのは塩）は管理が難しい．右下写真は二つの海を仕切るコクアラル堤防．2016年9月撮影（左写真秋本弘章氏提供，ほか荒井正剛）．

Column 4
地理オリンピックに出題された景観写真

（荒井正剛）

地理オリンピック試験は，マルチ・メディアテスト，記述式テスト，フィールドワークの3つからなる．マルチ・メディアテストは1分間で考える4択問題50問からなり，景観写真の出題がたいへん多い．

問4　ベルリンのテレビ塔から撮影した写真である。類似した形のビルが並んでいるがこのビル群は何か。
① 旧東ベルリンのアパート群
② 東西境界の再開発ビル群
③ 旧西ベルリンの中心商店街
④ 帝政ドイツ時代からの大学の建物

◎ マルチメディアテストの出題例

↑右上の出題（2015年）
建物の年代（新旧）と形態，配置に着目する．幾何学的な形態で装飾がないこと，規則的な配置がみられることから考える．
正解は①（本書第8章コラム参照）．④ならば歴史性がある．

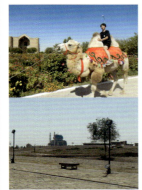

問2　次の写真はある世界遺産で撮影されたものである。撮影された場所はどこか。
① 42°53′N　 8°32′E
② 43°20′N　17°48′E
③ 43°18′N　68°16′E
④ 40°28′N　140°07′E

←左下の出題（2017年）
イスラーム建築に注目する．世界遺産となっている区域は，公園化して緑が多いが，左下の景観から乾燥地域であることがわかる．経度に注目して，中央アジアに当たる③を選ぶ．

◎ 記述式テストの出題例（2018年）
間伐が行われている森林とそうでない森林の景観写真を比較して，間伐を行うことの効果を自然的側面から述べる．

＊2つの景観写真を比べるポイントは，日光の状況，下草の有無，根のようすなど．大雨時の土壌流出の緩和などの効果を述べればよい．

第3章 景観写真で読み解く地形
―海岸に注目してみよう―

野外において地形を観察していると，同じ地形が形成されていてもよいと思われる地域に異なる地形が形成されていることがある．まずこのような地形の場所的（空間的）違いを見つけることは，地理学的な見方の基本である．さらに一つの地形に着目し，その地形がどうしてできるのか，逆に，どうしてできないのかを考えることは，重要な地理学的考え方といえる．このような見方・考え方は地形の形成要因を探る有効な手段となり，これができるようになると，地形を見ることがより楽しくなり，地形形成への興味・関心がより高まる．

そこで本章では，主に高校の教科書に出てくる海岸地形を取り上げ，野外の写真と地形図などを活用し，上述の地理学的な見方・考え方をふまえて地形の形成要因を学習する事例を紹介する．

1. 海岸の種類と地形

陸地と海との境界にあたる海岸は，どのような物質で構成されているかによって，岩石海岸と砂浜海岸（海浜）に分けることができる．

岩石海岸は岩石でできた海岸で，一般に，磯と呼ばれる．岩石海岸に共通してみられる地形は，海食崖と呼ばれる垂直に近い急傾斜の崖である．海食崖のふもとには，波の侵食によってノッチと呼ばれる水平に連続する窪んだ地形がしばしば形成される．写真1は，沖縄県黒島の海岸を干潮時に撮影したものである．高さ4mほどの海食崖に深さ3mほどのノッチが形成されている．このノッチの窪みが深くなると，上部の崖が不安定になって，崖の崩壊が生じる．そして崖のふもとに崩落した物質は波によって除去される．このような現象が繰り返されることにより，岩石海岸では崖の後退という地形変化が継続して起こる．

砂浜海岸は，砂粒子（固まっていない物質）からなる海岸で，単に，浜，あるいはビーチとも呼ばれる．波が海岸線に対して斜めに打ち寄せるような場所では，海岸線に沿う海水の流れ，すなわち沿岸流が生じる．この沿岸流によって砂浜の土砂は下流方向に運搬され，岬や海岸の突出部に堆積し，砂州と呼ばれる細長く延びる地形ができる．とくに先端が尖っている砂州は，砂嘴と呼ばれる．写真2は静岡県伊豆半島西岸の戸田漁港を撮影したものである．戸田漁港には湾口の南側から北方に向かって細長く伸びる砂嘴が発達する．先端部が湾内に曲がりこんでいることから，鉤状砂嘴とも呼ばれる．また，沖合の島と連結した砂州はトンボロ（陸繋砂州）と呼ばれ，また陸続きとなったかつての島は陸繋島と呼ばれる．写真3

写真1 海食崖とノッチ（沖縄県黒島，2005年7月撮影）

写真2 砂嘴（静岡県戸田漁港，2010年9月撮影）

は，海の中道として有名な九州本土と志賀島とを繋ぐトンボロであり，陸繋島である志賀島から撮影したものである．

2．岩石海岸の縦断形

【岩石海岸の縦断形の違いとその分布】 岩石海岸において共通する地形は海食崖である．そのため，地形的な特徴の場所的違いを見つけることは難しい．しかし，水面下（海面下）の地形に着目すると，岩石海岸の縦断形は，図 1a に示されるように 3 つのタイプに分けることができる．

Type-A platform は海側に緩傾斜した遠浅の海底面をもつ地形であり，海食台と呼ばれる．Type-B platform は，海面付近に位置する平坦面と海側の末端の急崖によって特徴づけられる地形であり，波食棚と呼ばれる．Plunging cliff は，急崖が水面下にそのまま突っ込んだ地形で崖前面の水深が大きく，プランジング崖と呼ばれる．

図 1b は日本における岩石海岸のタイプの分布を示す．ただし，浅海域にサンゴ礁の発達する鹿児島県南部と沖縄県の地域は除いてある．A の記号で示される海食台は，福島県大甕海岸，千葉県屏風ヶ浦，愛知県渥美半島，兵庫県明石海岸など日本の各地海岸にみられる．写真 4 は千葉県屏風ヶ浦である．高さ 50 m ほどの急傾斜の海食崖が発達していることがわかる．水面下の海食台を確認することはできないが，崖の前面に設置されている離岸堤の海側で波が砕けていることから，比較的浅い海底であることが伺える．写真 4 付図を

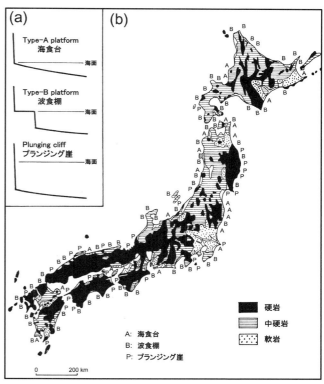

図 1　岩石海岸のタイプ分け
a) 岩石海岸に発達する縦断形のタイプ，b) 日本に発達する各タイプの分布．Sunamura et al., 2014.

読むと「土がけ」の記号で表現された海食崖が続き，侵食防止目的で崖と平行に連続した離岸堤の設置が施されているのが確認できる．このように海食台の発達する海岸は，きわめて侵食されやすい海岸であり，直線的な海岸線で示されることが特徴である．

B の記号で示される波食棚は，房総半島，三浦半島，伊豆半島，紀伊半島，島根県などで広範囲

写真 3　砂州（福岡県海の中道，2017 年 7 月撮影）

写真 4　海食台
（千葉県屏風ヶ浦，2017 年 12 月撮影）

付図　千葉県屏風ヶ浦
電子地形図25000，縮小．地図中の赤い点と矢印は，
撮影地点と撮影方向を示している（以下同様）．

写真 5　波食棚
（静岡県恵比須島，2018 年 1 月撮影）

付図　静岡県恵比須島
電子地形図 25000，拡大．海中の茶色
の曲線は隠顕岩（右の地図記号参照）．

写真 6　プランジング崖
（静岡県城ヶ崎海岸，2016 年 2 月撮影）

付図　静岡県城ヶ崎海岸
電子地形図 25000，拡大．

↑写真7　三重県志摩半島英虞湾のリアス海岸
（2017年9月撮影）

→付図　志摩半島英虞湾
電子地形図 25000, 縮小.

写真8　函館山山頂からみる函館市街
（2017年1月撮影）

付図　北海道函館山
電子地形図 25000, 縮小.

に発達している．写真5は，静岡県須崎半島・恵比須島に発達する波食棚を干潮時に撮影したものである．高さ5mほどの海食崖のふもとにはノッチが発達し，その前面には平坦な岩床面が広がっている．この岩床面が波食棚であり，満潮時には水没する．地形図（写真5付図）を読むと，この地域は，「岩がけ」で表現された海食崖が続き，その前面に隠顕岩（満潮時に水面下に沈む岩：付図の地図記号参照）の地図記号で示される波食棚が発達していることがわかる．波食棚の発達する海岸は，屈曲した海岸線を示すことが特徴である．この地域では江戸城建設時に，波食棚を構成する岩石が切り出され，石切場として利用された場所が多い．恵比須島にも採石跡地が矩形の窪地として残っている．

Pの記号で示されるプランジング崖は，三陸海岸，静岡県伊東市の城ヶ崎海岸（写真6），福井県若狭湾，三重県志摩半島などでみられる．写真6において海面付近の崖の傾斜に注目すると，ほぼ垂直をなす海食崖が続いていることがわかる．地形図（写真6付図）を読むと，凹凸の多い海岸線を示し，小さな湾入部まで露岩で表現された海岸が続いている．このことはプランジング崖の発達した海岸で共通してみられる特徴である．このように岩石海岸は，水面下を含めた縦断形により3つに分類され，現地の地形はいずれかに近い形をしている．

【縦断形が異なる要因】　図1bには，縦断形のタイプだけでなく，かたさに基づいて分類された岩石の分布（きわめてもろい軟岩，きわめてかたい硬岩，それらの中間的なかたさをもつ中硬岩）も示されている．岩石海岸の地形は，海岸に打ち寄せる波によって侵食されて変化するが，海岸を構成する岩石のかたさによっても，その変化の仕方には違いがある．

一般に，岩石海岸において大規模な侵食をもたらす波は，年間で最も大きい波である．例えば，太平洋沿岸に襲来する最大波は，夏季から秋季にかけて押し寄せる台風による暴浪で，日本海沿岸では，冬季の季節風による荒波で，波高が数mを超すものが一般的である．ここで，最大波の大きさが場所的にほぼ同じと考えられる（すなわち最大波のエネルギーがほぼ一定とみなせる）東日本の太平洋沿岸（青森県〜千葉県）を対象に，縦断形のタイプについて，岩石のかたさに着目してみてみよう．青森・福島・茨城の海岸は軟岩からなり，そこには海食台が卓越する．岩手・宮城県の三陸海岸は硬岩からなり，そこにはプランジング崖が卓越する．千葉の房総半島の海岸は中硬岩からなり，そこには波食棚が卓越している．このことから東日本の太平洋岸には，かたさの異なる岩石が露出し，異なるタイプの縦断形が存在することがわかる．さらに3つのタイプの縦断形と岩石のかたさとの対応関係を整理してみると，海岸を構成する岩石がかたくなるにつれて，海食台，波食棚，プランジング崖の順序で変化することが理解できる．このことから，縦断形の違いは，波による岩石の侵食されやすさによって決まることがわかる．

ここで，縦断形が異なる理由について，海中に没する一様なかたさをもつ垂直な海食崖を初期地形とし，波による岩石の侵食されやすさという観点から考えてみよう．岩石海岸で侵食が生じるためには，波の力が岩石のかたさを上回らなければならない．侵食をもたらす主要な波の力は波の圧力である．波の圧力の深度分布は水面付近で最大で，深くなるほど小さくなることが知られている．

軟岩からなる海岸では，水面下の小さな波の圧力でも崖が侵食されてしまうため，崖の後退は水面付近だけでなく水面下にも及ぶ．波の圧力の深度分布から，崖の後退量は水面付近で最も大きく，深くなるほど小さくなるため，水面下には緩傾斜した海食台が形成される．これに対し，硬岩からなる海岸では，最も大きい圧力が作用する水面付近の崖においても侵食が生じないため，崖は全く後退せず，初期の急崖が残存し，プランジング崖が発達する．中硬岩の海岸では，波の圧力が大き

い水面付近の崖でのみ侵食が生じ，波の圧力が小さい水面下の崖では侵食が起こらない．その結果，水面付近には波食棚という平坦な地形が形成される．

実際には，台風時に暴浪が作用する太平洋沿岸と冬の季節風の時期に荒波となる日本海沿岸，また外海や内湾の入り江の海岸では襲来する最大波の大きさが異なるように，海岸に作用する波のエネルギーにも地域性が存在する．したがって，外洋に面する波の力が大きな海岸で海食台や波食棚をつくるもろい岩石でも，内湾や入り江のように波の力が小さな海岸ではプランジング崖にもなり得る．縦断形の違いには岩石のかたさだけでなく，海岸に作用する波の力も深く関係することを忘れてはならない．

【リアス海岸のでき方】 高校の教科書では，リアス海岸について，「山地の谷と尾根が海面変動により，沈水して形成された出入りに富む海岸線を示す地形である．日本では三陸海岸，志摩半島，若狭湾沿岸などでみられる．」などと説明されている．

約2万年前（最終氷期）の日本付近の海面は現在よりも140mほど低かったと考えられており，現在の日本の海岸のほとんどが沈水したことになる．読者はリアス海岸が三陸海岸，志摩半島（写真7），若狭湾沿岸のように，限定された地域にしか存在していないことについて疑問に感じたことはないだろうか．図1bを読むと，教科書で述べられるリアス海岸の発達する地域とプランジング崖の発達する地域とがほぼ対応していることがわかる．写真7からも，リアス海岸を示す英虞湾の海岸がプランジング崖である様子を確認することができる．リアス海岸とプランジング崖と分布が一致する理由としては，波の力に対して抵抗力がきわめて大きい硬岩からなるプランジング崖が，リアス海岸の突出する岬となっていることによると筆者は考えている．

日本の海岸のほとんどが沈水したにもかかわらず，これら3つの地域以外に典型的なリアス海岸は発達していない．特に，現在海食台がみられるような軟岩で構成されている海岸では，海岸線は直線状で出入りはほとんどない（写真4付図）．これは，沈水時にたとえ岬となった場所があったとしても，その部分が激しく侵食されて後退した結果，海岸線の平滑化が生じたことによる，と考えられる．一方，波食棚が発達している中硬岩の海岸では，海岸線の凹凸はみられる（写真5付図）が，凹凸の程度はリアス海岸（写真7付図）に比べてはるかに小さい．したがって，リアス海岸が発達するためには，教科書で強調される「沈水」という海面変動だけでなく，「波によって侵食されない岬」の存在が重要であるといえよう．

3. トンボロ

【砂浜と島がつくる地形】 砂浜の沖合に島が存在する場合に生じる砂州の代表としてトンボロがある．トンボロとは，「砂浜と島を結ぶ砂州であり，沖からの波が島を屈折して回り込み，島の背後は2方向からの波と沿岸流が互いに打ち消し合い，相対的に静かな水域となる．そこに運搬されてきた土砂が堆積し，砂州が形成され，やがて海岸と陸続きに成長した地形である」と説明される．古くから世界三大夜景のひとつとされる北海道函館市のトンボロは有名である（写真8）．では，波が作用する海岸に砂浜と島があれば，必ずトンボロは形成されるのであろうか．たとえば，砂浜や砂丘が続く新潟平野の沖に存在する佐渡島にはトンボロは発達していない．ここで，砂浜と島があるにもかかわらず，トンボロができたり，できなかったりする理由について考えてみよう．

図2は，砂浜が発達する神奈川県の湘南海岸の地形図である．図中には，大小4つの島（東側から江ノ島，姥島（烏帽子岩），姥島の陸側に人工島，そして平島）が存在する．人工島のみが砂浜とつながりトンボロが形成されている．江ノ島，姥島，平島は砂浜とはつながっていない．海岸線に着目すると，江ノ島と平島付近では島に向かって飛び

図2　神奈川県湘南海岸　　電子地形図25000, 縮小.

↑写真9　千葉県南房総市白浜町根本海岸の御神根島とトンボロ
（2017年9月撮影）

→付図　千葉県南房総市白浜町根本周辺
　a) 1883年（迅速図, 縮小），
　b) 1970年（2万5,000の1地形図, 縮小）.

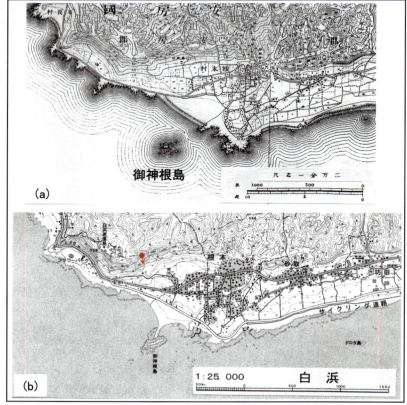

↑写真 10
　千葉県館山市沖ノ島公園
（2017 年 2 月撮影）

→付図　千葉県館山市周辺
　　a) 1928 年
　　　2 万 5,000 の 1 地形図．
　　b) 現在
　　　電子地形図 25000．

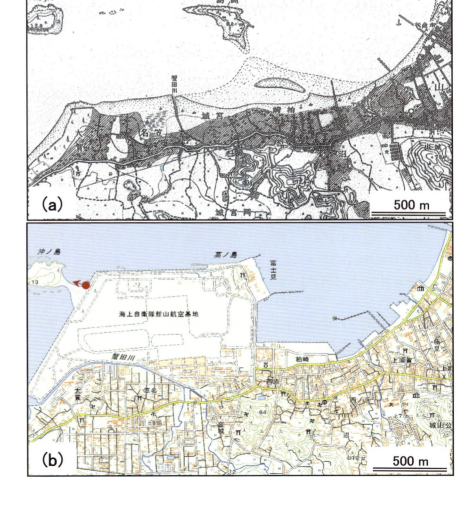

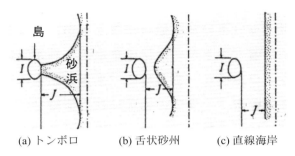

(a) トンボロ　　(b) 舌状砂州　　(c) 直線海岸

図3　砂浜の沖合に島が存在するときの海岸線の形状
Iは島の大きさ，Jは島と海岸線との距離を示す．
Sunamura and Mizuno (1987).

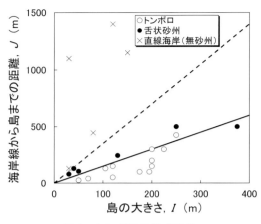

図4　トンボロの形成条件

出した形状を示している．姥島では，島に対応した変化はみられない．

　図3をみてみよう．一般に，砂浜の沖合に島が存在する場合の砂浜の地形は，海岸線の形状により，(1) 沖合の島と連結したトンボロ，(2) 島に向かって三角形ないし舌状に海に張り出す舌状砂州（尖角州とも呼ばれる），(3) 無砂州となる直線海岸の3タイプに分類される．トンボロと舌状砂州は，どちらも砂浜から島に向かって伸びる砂州であり，図2における人工島とつながった砂州と，江ノ島・平島に向かって延びる砂州がそれぞれ相当する．また，砂州が形成されない直線海岸は姥島の影響を受けない砂浜がそれに相当する．図2のように，数km以内の（波の力の場所的違いを無視できるほど）近接した範囲において，砂浜の沖合に島が存在しても，トンボロができたり，できなかったりするという事実は，トンボロの形成要因が島の存在だけではないことを示唆している．

【トンボロの形成要因】　トンボロの形成要因についてグラフを用いて定量的に考えてみよう．図4は，陸繋島や沖合に島がある全国各地の24の砂浜において，島の大きさ（I）を横軸にとり，島と砂浜までの距離（J）を縦軸にとって地形ごとに分けてプロットしたグラフである．このグラフからトンボロが形成される条件を読み解くことができる．3タイプの地形の形成領域は，原点を通る直線によって明瞭に区分される．トンボロは直線海岸に比べて右下の領域にプロットされることから，島

が大きく，しかも砂浜との距離が小さい海岸で形成されることがわかる．この理由としては，島が大きく，砂浜から近いと，島を回りこむ波の屈折の影響が海岸線付近にまで及び，強い沿岸流が発生し，活発な堆積作用がもたらされるからである，と考えられる．一方，島が小さく，砂浜から遠いと沿岸流が発生しにくくなるため，砂州が形成されない．このグラフから，トンボロが砂浜と島の存在だけではなく，島の大きさと砂浜からの距離にも関係して形成される地形であることを知ることができよう．このように，なぜトンボロが形成されないのかを考えることによって，トンボロの形成要因に関する理解を深めることができる．

【新旧地形図を利用した教材】　最後に，房総半島南部に発達する2つのトンボロを例に，トンボロの形成要因に関する理解を確認するための教材を作成したので紹介する．

　写真9は，千葉県房総半島南部に位置する南房総市白浜町根本の御神根島（岩礁）とトンボロである．御神根島の岩礁は釣り場として，トンボロが発達している広い砂浜は，キャンプ場・海水浴場としてそれぞれ利用されている．

　写真9付図は，1883（明治16）年発行の迅速図と，1970（昭和45）年発行の2万5,000分の1地形図である．付図aを読むと，明治期には，御神根島（根本村の沖）の陸側には直線的な海岸線をもつ砂浜

が発達していたことがわかる．すなわち，図3の模式図の"直線海岸"であったと解釈できる．付図bからは，昭和期にはトンボロが形成され御神根島は陸繋島となっていたことが読み解ける．なぜこのような地形変化が起こったのだろうか．

図4で示されたトンボロの形成条件の観点から考えてみよう．直線的な無砂州海岸にトンボロが形成されるためには，島が大きくなるか，島と砂浜までの距離が近くなるという変化が起こらなければならない．このような事象がこの地域一帯で起こった可能性はあるのであろうか．実はあるのである．それは関東地方に大震災をもたらした1923（大正12）年の関東大地震である．房総半島南部地域では，関東大地震によって隆起したことが知られており，根本周辺ではその隆起量は約1.8 mであった（図5）．したがって，この地域では，当時1.8 m以浅の海底は地震隆起に伴って干上がり，その結果，御神根島の面積が大きくなり，さらに砂浜と御神根島との距離が短くなるという地形変化が起こったと考えられる．御神根島の事例は，地震による隆起という地盤の垂直変動が海岸線の水平変化（トンボロ形成）をもたらした好例として活用できるであろう．

千葉県館山湾の南側には沖ノ島と呼ばれる陸繋島とトンボロがある（図5，写真10）．写真10付図は1928年の2万5,000分の1地形図と現在の電子地形図である．1928年頃の館山湾沿岸では砂浜が発達し，沖合に高ノ島と沖ノ島が存在していることが読み解ける（付図a）．高ノ島と砂浜との間には，舌状砂州が形成されている．他方，沖ノ島の陸側の海岸線は多少とも沖ノ島の方向に突き出ているようにみえるが，砂の堆積状態から判断して島が海岸線の形状に影響を及ぼしているとまでは考えにくい．

これに対して現在の地形図（付図b）には，海上自衛隊館山航空基地として高ノ島を取り込んだ埋立地が描かれている．この埋め立ては，1930（昭和5）年に旧海軍航空隊基地の建設に伴うもので

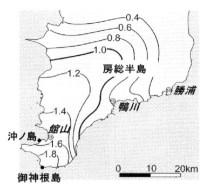

図5　御神根島と沖ノ島の位置
図中の等値線は関東大地震の隆起量（m）を示す．宍倉（2006）を一部改変．

あるという．この図から基地と沖ノ島との間にトンボロが形成されていることがわかる．トンボロの形成は，埋め立てにより，沖ノ島と陸地との距離が埋め立て前と比べてはるかに短くなったため，島の陸側の水域に沿岸流によって運搬されてきた土砂が堆積しやすくなったためであると考えられる．沖ノ島の事例は，人間による地形改変（埋立地の造成による海岸線の前進）がトンボロ形成に関与した教材として活用できるであろう．

（青木 久）

文 献

宍倉正展 2006．大地震に伴う海岸の隆起―房総半島と三浦半島の海岸段丘と隆起生物遺骸―．産業技術総合研究所地質標本館編『人類と社会の未来をつなぐ地質時代―日本の第四紀研究50年―』．

鈴木隆介 1998．『建設技術者のための地形図読図入門〈第2巻〉低地』．古今書院．

千葉県史料研究財団編 2002．『千葉県の歴史 別編 地誌3（地図集）県史シリーズ38』．

辻本英和 1985．千葉県東部海岸の波食地形と構成岩石の物理・力学的性質．地理学評論，58: 180-192．

日本地形学連合 2017．『地形の辞典』．朝倉書店．

松倉公憲 2008．『地形変化の科学―風化と侵食―』．朝倉書店．

Sunamura, T. and Mizuno, O. 1987. A study on depositional shoreline forms behind an island. *Annual Report of the Institute of Geoscience, University of Tsukuba* 13, pp.71-73.

Sunamura, T., Tsujimoto, H. and Aoki, H. 2014. The rock coast of Japan. in *Rock Coast Geomorphology: A Global Synthesis*, edited by Kennedy, D.M., Stephenson, W.J. and Naylor, L.A., The Geological Society, London, pp.203-223.

Column 5
異なる地形を並べてみる

　カルスト地形とは，雨水など二酸化炭素を含んだ水による溶食作用によってつくられる石灰岩地形のことである．カルスト地形は地表面の形態により，石灰岩台地の上にできるドリーネやウバーレなどの凹んだ地形と，タワーカルストなどの凸状の地形とに大別される．前者の凹地形はスロベニア，山口県秋吉台や福岡県平尾台などの温帯地域にみられる．後者の凸地形は沖縄県，中国の桂林，フィリピンのボホール島などの熱帯（亜熱帯）の湿潤地域に卓越する．

　熱帯湿潤地域では，温帯に比べ，一年を通して降水量が多く気温が高いため，より水温の高い多量の雨水が石灰岩に接触する．また一般に降水量が多く，気温の高い地域は，植物や微生物の活動が活発であるため，土壌中のCO_2濃度が高くなる傾向がある．そのため，高温多雨の熱帯における石灰岩のほうが温帯よりも溶かされやすい．したがって，その地域の降水量と雨水の温度という雨水の溶食力によってカルスト地形の違いを説明することができる．雨水の溶食力が小さい温帯では，石灰岩台地表面に割れ目や窪地があると，そこが水の通りやすい（集まりやすい）場所となり，わずかに溶かされて，ドリーネなどが形成される（写真2）．熱帯は，温帯よりも溶食力が大きいため，熱帯では水の通りやすい部分は急速に溶かされて低下し，水の通りにくい部分は溶かされずに残される．その結果，タワーカルストが卓越すると考えられている（写真3）．

　地形の変化は年間に数mm以下ときわめてゆっくりであることが多く，その発達を把握することが難しい．地形の発達をとらえる一つの方法として，空間・時間置換という考え方がある（松倉2008）．「現在，私たちが見ている地形は，その発達のさまざまな段階に相当する」と仮定し，同一のプロセスで形成される地形の空間的な違いは，時系列に並び替え，地形の発達段階としてとらえることができるという考えである．この考えに基づけば，カルスト地形は石灰岩の溶食プロセスに

写真1　離水サンゴ礁（沖縄県具志頭海岸，2017年7月撮影）

よって発達するので，溶かされやすさが小さい温帯の地形は，熱帯に比べて早期の発達段階を示していることになる．ここで，異なる地域の，異なるカルスト地形の写真を並べてタワーカルストの形成・発達を説明してみよう．

まず石灰岩で構成される平坦なサンゴ礁を初期地形として考える．地殻変動により，サンゴ礁が離水して海面上にあらわれると石灰岩から成る平坦な陸地ができる（写真1）．その後，地殻変動の継続によって石灰岩の台地が形成されていき，その過程で割れ目や窪地に雨水が集中し，台地上に深さ数mのドリーネが形成される（写真2）．溶食力の大きな熱帯では，ドリーネは時間の経過とともに急速に深くなるが，ドリーネとドリーネとの間の台地は溶かされずに残り，凸状の地形が目立つようになり，タワーカルストに発達する（写真3）．

(青木 久)

写真2　ドリーネ（山口県秋吉台，2006年9月撮影）

写真3　タワーカルスト（沖縄県辺戸岳，2017年7月撮影）

第4章 景観写真で読み解く気候
― 「見えるもの」から考えてみよう ―

　気候は，場所や地域における大気の総合状態である．日本の気候は四季が明瞭であるが，冷夏，暖冬といってもいずれの時期よりも暑く，そして寒い．すなわち，気候が意味する大気の総合状態とは，一定程度の幅のなかで毎年毎年繰り返される状態を示す．出現確率の高い大気の状態とも言い換えることができる．地理学習で活用される気候資料では，30年間の平均である平年値（2011～2020年までの平年値は1981～2010年，2021～2030年までの平年値は1991～2020年）が扱われることが多い．つまり，気候の認識・理解は大気の平均状態を認識・理解することであり，"今日"というような一定時点の天気に比べて理解することが元来難しい．たとえば「気温が平年値より3℃低い」といった場合，平年気温（30年間の平均）からの差で，平均の気温と3℃の差分をイメージすることで理解する．また，気候は「今日は蒸し暑い」のように具体的に体感している現象そのものではない．「夏は毎年蒸し暑い」といった体感する現象の積み重ねや繰り返しのなかでイメージを抱いたり，考えたりすることこそが気候の認識や理解である．

　また，気候は気温や降水量，風向風速，湿度，気圧，日照時間などの気候要素で表現される．降水（降雨・降雪）のように可視的な要素もあるが，気温や湿度のように多くは目に見えない（不可視的）要素で大気の状態を示す．さらに，要素の時間的な変動は，地理が対象とする自然環境（地形，植生，水環境など）のなかでもきわめて大きい事象・現象であることが特徴的である．このように，不可視的で空間・時間的変動が大きい現象の積み重ね（平均）を理解することが気候の教材特性であり，その認識・理解を深化させることが地理学習において気候を扱う命題である．

　気候は，人間生活と密接であるが「平均状態」で「不可視的」で時間・空間的な「変動」に富む．それらの現象を認識できる，あるいは理解するために手助けしてくれる写真をここでは「気候写真」と呼ぶことにする．

1.「気候写真」の定義
　写真で表される気候は，「気候の影響を受けた自然景観（自然事象が主体の景観）」であったり，「気候の影響を配慮した人間がかかわる自然・文化景観」であったりする．その意味で，写真そのものが気候をとらえているわけではない．写真を読み解く（推考する）ことによって写真に写しだされている景観や事象がどのような気候と関連しているのか判断があって，背景の気候がわかる．すなわち写真を読み解く一連のプロセスをもって，対象とする写真が「気候写真」となる．

2. 気候の影響を受けた自然景観
　惑星に物理的な気候や自然環境は存在するが，地理で対象とする気候は「気候と生活」を念頭に置いていることから，単独の自然写真が地理教育で活用されることは少ない．南極の氷河の写真は自然要素単独の写真であるが，その場合であっても氷河が人間と関係することを念頭に置いて活用する．

　自然要素が中心である写真は，気候帯によって読み解き方が違うわけではない．つまり，植生や土壌などに注目することによってある地域の気候が推考でき，読み解き方はいずれの気候帯も共通である．単元特有な写真の読み解き方ではなく，たとえば地理Aの「地理世界の生活・文化の多

様性」で気候（大気の平均状態）を反映した植生や土壌から多くの地域や気候帯を読み解くのである．

【常夏】 写真1は，グアムにおける5月の写真である．グアムは，北緯13°に位置する島で，気候は海洋性の年間通じて高温多湿の熱帯気候に属する．年平均気温はおよそ26℃で，気温の年変化も小さい．「写真1はどの地域だろうか？」という問いに対して，そこが熱帯であることがすぐに推察できる．ただし，それは気候そのものを観ているのではなく，多くはシュロ科の植生が卓越していることによるのではないだろうか．昨日，先月の高温多湿な環境によってシュロ科の植生が卓越しているわけではない．数日の大気の影響でもないと無意識に類推する．このような解釈の場合，グアムに長い間の平均状態として高温多湿の気候が形成されおり，そこにグアムの植生環境があると考えているといえる．すなわち，植生を通してそこの気候を推考している．

気候の影響を受けた植生として偏形樹がある．ちなみに，季節風などの卓越風で地域によっては幹や枝の向きが規則的になっている場合がある．植生によっては気温・降水量だけでなく風向や風速も反映していることがある．

【温帯の秋】 写真2は，福島県郡山市にある谷合の景観を示している．前面に広がる丈の短い草は牧草である．牧草は緩斜面で栽培され，その周りには混交林が広がっている．また，丈の短い草が広がるこの緩斜面はかつてのスキー場であった．福島県であることはこの写真からは当然わからない．混交林があることで樹林気候の地域であることがわかり，植生，とくに葉の形態などでおおよそ温帯であることがわかる．牧草は農業という観点では文化景観ともいえるが，牧草があることは樹林気候であることが推考でき，気候写真ともなる．

【温帯の春】 写真3は，「どこの国か？」おわかりだろうか．遠景であっても「桜」であることが

わかるだろう．「どこの県か？」という問いについては，「わからない」が普通である．では「季節はいつか？」という問いには，小学生でも「春」と答えられる．「どこの県か？」がわからないことは日本の多くで観られる植生であることにより，「春」と推察できることは季節を限定した植生であることを意味する．通常，日本には四季があるという．しかし，日本の国土が南北に長いことにより季節の長さや時期は大きく異なる．図1に，桜の開花日の地域性を示す．気象庁は，動植物が気温や湿度，日照時間などの気候要素の季節変化に応じる現象の生物季節の観測をしており「桜」はその代表である．「桜」の場合，主な観測対象とする品種は「そめいよしの」で，「そめいよしの」が生育しない沖縄や九州南部では「ひかんざくら」，北海道では「えぞやまざくら」を観測している．「そめいよしの」の開花は九州地方では3月下旬に開始し，5月頃に東北地方北部に達する．「春」という季節を代表する「桜」の開花についてもおよそ2カ月の差がある．そこで写真3によって「桜」，「日本」，「春」と大づかみにはくくることができても，その認識．理解はやはり大づかみであってステレオタイプ的である．そのなかに多様な地域性が現実にはある．「おおよそ温帯の気候は，○○である」という地域をまとめる認識・理解力を育成する一方で「温帯にも地域によって気候は異なる」といった異なる視点の育成が現代では非常に重要である．

以上のように，気候帯や季節が判別できる気候写真であっても，大気の平均状態である気候そのものの判断ではなく，植生や土地利用からの推考によって気候を認識・理解する．

3. 気候に対応した文化景観

気候の影響を受けた自然景観とは別に，気候に社会や人間が対応している様子は異なる．これは対応の仕方や手法が違うことによる．身近なものを例にすると，木造や鉄筋コンクリートの家屋，

写真1　「常夏」の気候景観
グアムにて．2005年5月撮影．

写真2　「温帯の秋」の気候景観
福島県郡山の牧草地と森林．2010年9月撮影．

第 4 章　景観写真で読み解く気候　　43

写真 3　「温帯の春」の気候景観
撮影場所はわからなくても，季節は春とわかる．桜は季節性が明瞭な樹種なので，私たちは季節を推察することができる．秋田にて，2010 年 5 月撮影．

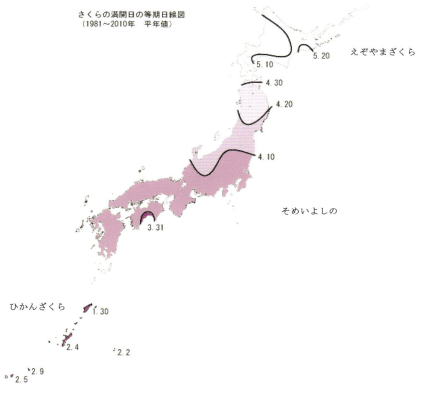

図 1　桜の開花日（上）と満開日（右）
1981 ～ 2010 年平均値．桜の開花日は，標準木で 5 ～ 6 輪以上の花が開いた状態となった最初の日をさす．満開日とは，標準木で約 80％以上のつぼみが開いた状態となった最初の日をさす．気象庁（2017）より転載．

写真4 「屋敷林」
埼玉県吉見にて．2017年1月撮影．

写真5 霧採取（防霧）ネット
チリ，アタカマにて．出典：山下脩二2010．

エアコン，暖炉，ストーブなどの暖の取り方も手法が違っている．気候の影響を受けた自然景観ではいずれの気候帯であっても植生や土壌などから読み解くことができるのに対し，文化景観は気候の対応の手法が温帯や熱帯よりも小さい空間スケールの気候（小気候）の影響や文化とかかわるため地域によって異なり，「地球的課題，生活圏の課題の地理的考察」に深くかかわる．

【屋敷林】 写真4は，関東平野北部に位置する集落の景観を示す．道路は東西方向に走り，写真上側が西，下側が東である．関東平野北部に位置することから，北西の冬季季節風の風速が大きい場所である．写真で，北側（写真右上）は水田・畑地であり建造物や森林が存在しない．風は地表面を吹走する際に，空気と地面が接し運動が妨げられるため減速する．建造物や植生が存在することによって地表面の凹凸が増大する．すなわち，平坦な地表面では地面からの摩擦の影響が小さく風速が大きいことが推考できる．この地域で屋敷林が必要である理由がわかる．屋敷林のみの写真では存在の価値や意味がわからないが，写真の遠景や近景に田畑や風が吹きそうな周辺の状況を含ませることで，気候対応の理由がわかることも少なくない．なお，写真に示されていないが，数km離れた駅（小都市）周辺には屋敷林はもちろん存在しておらず，風が強く吹く地域は限定的である．

【霧採集ネット】 写真5は，アタカマ砂漠におけるネットによる霧粒の採集風景である．筆者自身，授業で多用している．「このネットは何か」という問いに対して「ここはどこか」や「どのような気候か」へ思考がつながる（推考する）と興味深い気候写真となる．例を挙げると，「砂漠の形成には亜熱帯高気圧がかかわる場合や内陸である場所があった」さらに「海岸に近い砂漠も存在していた」．沿岸では，「霧の多発域も存在する」というように思考が移り，「霧採取のためのネット」であることにたどりつく．これまでの写真と同様に，このネットも気候そのものではない．この景観は，少雨地域に暮らす人々が少しでも生活用水を得ようとした結果である．すなわち気候を考慮し，人間が作り出した景観である．

ところで，地域が変わると気候対策の発想が全く異なる．日本では，霧の発生は交通障害を引き起こす．それゆえ，高速道路の端に霧発生時にネットを張る場所がある．高速道路に霧が浸入する前にネットに霧を付着させる．これによって道路の視界が確保されるという仕組みである．防霧ネットである．これが木のものを防霧林と呼び，防霧林は海霧が多発する北海道の東側などで古くから存在するところもある．

【祝祭用のツリー】 写真6（46ページ）は，は北京（中国）のデパート前に設置されているツリーである．クリスマス前から正月にかけて北京市内では多くのところに設置されている．北京だけで

第4章　景観写真で読み解く気候　45

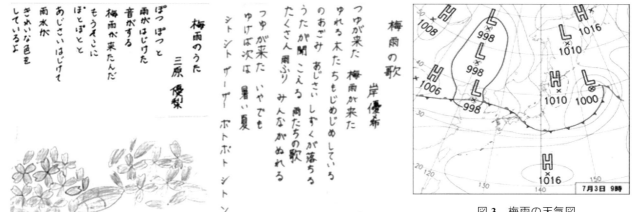

図2　小学校4年生がつくった「梅雨のうた」

図3　梅雨の天気図
2016年7月3日9時.

なく，日本や欧米など世界各地でも冬季のクリスマス期を中心にツリーが設置される．ツリーは針葉樹の幼木を使用することもあり，それを模したものも多い．商業的な意味もあれば象徴的な意味合いもあったりする．目的は設置者や受け手によって異なる．これは気候の影響を受けたものというより，季節感をそこに人工的に作り出している事象である．これまでの写真（写真1～5）は推考によって気候やその影響がわかるが，人間が作り出す気候景観は対応や季節感の高揚などねらいがある点を踏まえれば，このツリーの写真も冬やその目的がわかる「気候写真」といえる．

4．児童生徒の気候認識

これまで，概観したように気候は「大気の平均状態」であるから，毎年毎年の影響を受けた自然事象を映しだした景観や人間の対応がかかわる景観によって場所の気候を推考することができる．頭のなかで写真に写りこむ要素を整理し，気候との関連を推考することで場所と気候との関連を認識・理解することができる．そして，気候の認識・理解は頭のなかのイメージとして表現される．

【梅雨】　日本において特徴的な季節の一つに梅雨期がある．図3は梅雨期における地上天気図を示す．このような梅雨前線が日本に卓越する時期のイメージについて紹介する．

曇雨天の多い季節は日本海側と太平洋側で大きく異なる．たとえば日本海側は冬季の降雪期には曇天が多く，太平洋側では晴天が多い．しかしながら，日本列島の多くの地域で天気が一様な時期もあり，その代表が曇雨天の多い梅雨期である．小学生くらいになると，毎年毎年の四季・季節変化も意識されるようになる．図2に小学校4年生が描いた「梅雨のうた」を示す．図2左では，「ぽつぽつ」といった雨の降り方が着目され，「梅雨が来た」ことが示されている．また，アジサイが咲く季節であることがうたとともに絵でも描かれ，生物と季節とのかかわりを描いている．図2右は，「じめじめ」している季節が過ぎると「暑い夏」がやってくる季節の移り変わりを示している．「シトシト」や「ザーザー」は梅雨に高頻度でみられる雨の降り方である．これらは10年間（10歳）の経験や体験によって獲得されたものである．梅雨期の特徴を気候観測資料から示すことができるが，児童生徒の頭のなかに描かれている季節感，すなわち毎年毎年の蓄積により形成された気候認識を，このうたから読み解くことができる．

【暑熱】　埼玉県の小学生4～6年生（207人）に，日本列島で「暑いと思う地域」を選ばせ，色が濃

図4 児童（小学校4～6年生）の
「暑熱」の認識地域
加藤・澤田（2015）より.

写真6 ツリー
中国，北京にて．2017年1月撮影．

いほど暑いと思う人数が多くなるように地図化して空間認識を把握してみた（図4）．沖縄県および九州地方，次いで四国で人数が多く，沖縄県と九州地方が「あつい」というイメージを持っていることがわかる．現実の「あつさ」は気候区分などで示されるいわゆる気候境界に対応し，山地地形などによって明瞭な境界が形成されたり，漸移的に変化したりする．しかしながら，児童はたとえば九州地方というように空間スケールの大きい場合，地方単位で，一つかみに気温の一様な空間的広がりを認識している．このような振り返りは授業において多様な気候の様子を示す必要性を示してくれる．さらに本州では，東北地方を除いてほぼ認識している領域は認められ，南－北の方向に従って認識している領域の頻度にも高－低の差異が認められる．ところが，山地や平野といった標高差による気温差の高低は空間的認識に必ずしも反映されているわけではない．

【多雪】 東京都の中学校2年生（188人）に，「雪がたくさん降ると考えられる範囲」の5類型を示した（図5）．色が濃いほど雪がたくさん降ると思っている生徒数が多いことを示している．

現実の多雪域と近似した空間認識（V）では，適切な形成成因として「多雪域の形成は冬季に大陸から日本海に向けての季節風と山地の地形効果が関連している」との回答割合が最も高かった．

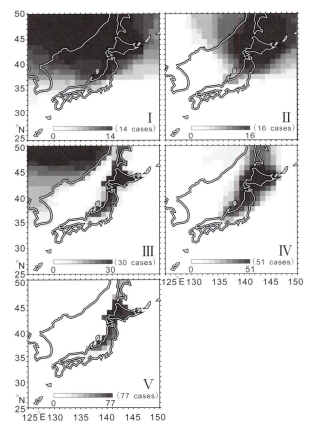

図5 中学2年生の「多雪」の認識地域
澤田（2006）より．

第 4 章　景観写真で読み解く気候　　47

写真 7　積乱雲に伴う強い雨（上写真は部分拡大）
埼玉県，髙﨑線沿線にて．2012 年 8 月撮影．

写真①

写真②

写真③

写真④

写真⑤

写真⑥

写真⑦

【気候景観の読み取りについての設問】
写真①〜⑦について，地域・国・気候帯・季節について答えなさい．

写真⑤はモノクロ，ほかはカラーで提示した．
写真①〜⑦は，本章の写真1〜7で掲載した．

表1 「写真①〜⑦の気候帯の読み取りに対する大学生の回答

	写真①	写真②	写真③	写真④	写真⑤	写真⑥	写真⑦
熱帯	51	2	0	0	0	0	0
乾燥帯	1	1	0	2	1	7	0
温帯	10	43	57	56	38	17	59
冷帯	0	9	2	4	13	18	2
寒帯	0	2	0	0	7	14	0
なし	1	6	4	1	4	7	2

表2 写真①〜⑦の気候帯を判断した理由

写真①		写真②		写真③		写真④		写真⑤		写真⑥		写真⑦	
木	35	緑	26	桜	48	田	26	ツリー	33	木	24	電車	18
ヤシ	13	木	11	日本らしさ	10	稲	19	木	24	落葉	18	日本らしさ	16
植生	12	日本らしさ	8	緑	2	日本らしさ	14	建物	4	植物	13	建物	14
雲	10	山	6	田舎らしさ	2	畑	10	ビル	3	服	6	植物	13
建物看板	2	雲	6			家	6			建物	4	雲	11

そして，社会事象についても建築物構造や消雪設備などの具体的な回答割合が高い．一方，現実の多雪域と乖離した空間認識（I，II，III）では要因も社会認識も大雑把である．多雪域の成因を理解している生徒は，未習の領域について多雪域の有無を導き出している場合が多い．彼らは山脈の走行と季節風を組み合わせて多雪域を推考している．それゆえ，自然現象の成因理解は未習の領域をとらえるうえでも有効である．

【気象現象】写真7（47ページ）は，夏に筆者が遭遇した積乱雲に伴う強雨の様子である．写真まん中の影の部分で雨が降っている．このような雨が降っている様子は頻繁に観られるわけではないが，日本の多くの場所で，夏に積乱雲は多く発生する．夏らしい雲である．しかし，冬にももちろん積乱雲は発生する．とくに北日本の日本海側ではそうである．つまり「必ずこういう現象が観られる」というのが気候ではほとんどなく，多いという状態を理解することが気候の理解である．

日々の大気の積算を理解することは，経験を積むことで獲得が可能である．不可視的で平均状態である気候の認識は頭のなかにつくられるイメージそのものが人間にとっての気候認識や気候理解といえる．したがって，地域や場所の理解に，経験を踏まえたうえで，より適切な写真と推考が，気候の認識・理解の深化に好適な教材である．

5. 気候写真の読み解き

これまで，写真から何が読み解けるか，そして写真が気候理解に資するものかをみてきた．最後に，これから写真教材の扱い方を学ぶ大学生や専門でない授業者にどのような課題があるかを示したい．そこで，教員養成大学在学生で地理や教職が初学の1年生の写真の読み解きと活用意識を踏まえ，教員養成を中心に気候学習の内容を議論・構築するために，写真の推考によって理解できる内容が何であるかを調査してみた．

左頁の設問は，本章で紹介してきた7つの写真を用いて，それぞれの写真の地域・国，気候帯，季節を読み解いたもので，また，そう判断した理由を問うてみた．

表1は，それぞれの写真がどの気候帯に属するかを判断させた結果を集計したものである．気候帯の判断は，最大人数の割合が現実とよく一致する写真①③④⑦と一致しない写真②⑤⑥がある．気候帯が一致するものと一致しないものの読み解きの違いをとらえるために，表2には，気候帯の判断理由を示した．一致する写真は，ヤシ①，桜③，田・稲④といった気候帯特有の植生，日本（国）を判断できる電車⑦が気候帯の判断理由となっている．一致しない写真は，樹種が判断できない②⑥か，ツリーと判断できても全気候帯にみられ地域性の判断が難しい事象⑤が判断理由であった．

このように，いずれの写真も気候帯の判断は植生に依拠している．乾燥帯における霧採取ネット⑥は既得知識がない場合に事象の理解は困難であるが，日本各地に分布する屋敷林④であっても気候対応には着目されにくい．つまりこの結果は，植生≒気候のイメージが大学生段階において強いことを示している．もちろん，地理教育や地理学を専門としない学生，専門としても学び始めの学生の読み解きである．系統地理的に，気候は地域性や気候の背景や原因に着目されがちであり，実際それが重要であることも確かである．しかし，気候学習は学校教育段階において社会科や地理歴史科に位置づけられている．気候学習は大気の平均状態の地域性や原因理解，認識育成にとどまらず，人間社会との連関を総合的にとらえることに学習の眼目があるのである．

一見すると気候判断に植生が大きくかかわるが，それを超えて，気候対応の多様な事象に着目させて，気候学習の教材観を育成する必要がある．

文献

青山高義・小川 肇・岡 秀一・梅本 亨 編 2009.『日本の気候景観　増補版』，古今書院．

新井 正 編 2005.『水と気候の風景』，古今書院．

Column 6
身近な景観を熱で表現する

　サーモグラフィ（赤外線カメラ）で日常のなにげない景観を撮影すると，おもしろい発見がある．児童生徒をふくめて多くの人になじみのある「学校」の景観を例に読み解いてみよう．

　熱の伝わり方には主に3つ（対流・伝導・放射）ある．ここではエネルギーの伝達の一様式の放射温度を取り上げる．

　写真1はサーモグラフィで撮影した東京の夏(7月)の学校の景観である．校舎，校庭，生徒の放射温度が色で示されている．画像内の放射温度の最大は校庭で約50℃，最小は屋上にある貯水庫（約20℃）で，それを除けば校舎後方にある樹木で25℃程度である．体から放射されるエネルギーは35℃程度で，児童生徒は夏期に25～50℃の幅の中で生活をしていることがわかる．

　放射温度は，気温ではなく物体が放射している温度である．夏の気温は高いが，太陽放射を受けた校舎や校庭は放射温度が高く，その影響を受けて通常気温も高くなる．気温が高くなる一因を理解できる．写真2は，屋上緑化スペースにおける放射温度で，樹木や屋上の緑化された空間が低温であることがわかる．このような物質による放射温度分布の差は，晴天で明瞭で曇雨天では不明瞭となる．触れることで物体の放射温度の高低が認識でき，年間通して体感的にとらえることができる．多様な物質に接触し頭のなかに描かれる放射温度の配置は，サーモグラフィによって映し出されたものを経験的に理解していることになる．つまり，経験によって頭のなかに描かれる温度分布図とサーモグラフィは類似している．

　「今日は暑い」といった感覚を大気の温度（気温）で通常は理解しようとするが，大気が接する事象も気候にかかわることの理解につなげる意味で，サーモグラフィによる可視化は効果的である．

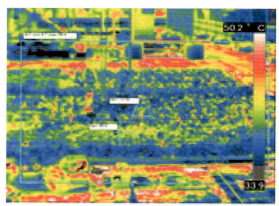

写真2　サーモグラフィで撮影した屋上緑化スペース（2014年7月，東京）

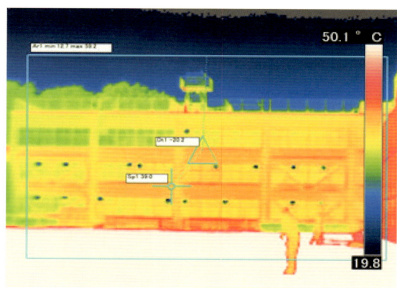

写真1　サーモグラフィで撮影した学校の校舎と校庭（2014年7月，東京）

Column 7
自分を含めて眺める：衛星写真

　写真1は　人工衛星による冬の雲画像である．衛星写真は，テレビで頻繁にみる毎日の気象情報で提供されている．日常多く得られているが，今日の天気やその移り変わりにかかわる以外は意識されることは少ない．しかし，衛星写真は人間が生活する地球を映しだす最大の空間スケールの写真であるので，貴重な情報源になる．

　衛星写真一枚は一定時点の雲画像であり，その理解は天気の理解と直結する．毎日毎日積み重ねていけば，季節変化や平均状態を理解することができる．頭のなかで雲の分布などをトレースしたり，雲や前線の毎日の積み重ねを頻度分布図などに示すこともできる．これらを理解することが，気候の理解と考えられる．

　スナップショットでは映し出すことができない写真だが，衛星写真は毎日毎日テレビやインターネットの気象情報でみることができるので，ぜひ活用いただきたい．

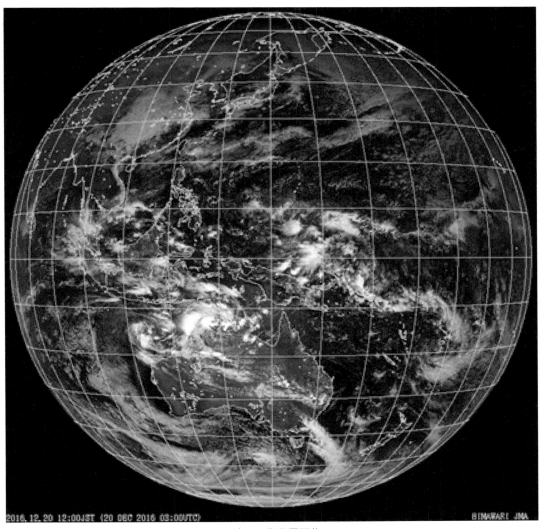

写真1　衛星雲画像
(2016年12月)

第5章 景観写真で読み解く都市
― 都市の変化に注目してみよう ―

　産業革命以降，工業化の進展は国の経済成長をもたらすとともに，労働者の受け皿となった工場の集積地には大都市地域が出現した．その一方で，工業化の進展は大気汚染・公害などの都市問題を引き起こし，先進国ではその対応に迫られた．また冷戦終結後のグローバル化のなかで，工場は海外へ移転し，それに伴い国内では産業構造や都市構造の転換が図られた．本章で取り上げる川崎は，かつては日本を代表する工業都市であり，また首都東京に隣接する地理的位置により，上記の産業構造や都市構造の転換が顕著にみられる．

　そこで本章では，変貌著しい工業都市川崎を写した景観写真を用いて，そこに描かれた景観要素を抽出して都市の地理的特徴やその変化を把握するとともに，その景観要素を相互に結びつけることで都市構造とその変化を把握する．

　景観要素を結びつけて都市構造を把握する見方として，中学校や高等学校の地誌学習で取り入れられている見方，すなわち地域のある事象を中核に置き，その中核的事象と他の事象の関係から，地域の特徴や構造をとらえるもので，「動態地誌」とも言われる見方を用いる．

　また本章で対象地域とする川崎という市レベルの地域スケールは，学校教育では「身近な地域」学習において扱われるため，本章は動態地誌的な見方で身近な地域を理解する事例とも位置づけられる．身近な地域調査は，授業時間や安全性の確保などの観点から実施が困難とされるが，景観写真を用いる方法がその代替となり得るとも考えられる．なお景観写真による都市の変化の理解を補足するために，1950年前後の1万分の1地形図（図1）と2017年の都市地図（図2）を使用する．またその間の土地利用の変化を表1に示す．

　このように，本章では川崎という「都市を」理解する視点を示すことが目的の一つであるが，本章で扱う川崎の事象が，中学や高等学校の地理の教科書においては一般的事象や他地域の事象として記述されている場合も多いため，それらの地理的事象の具体的事例を川崎という「都市で」理解することも可能であり，この点についても留意したい．

　以上を踏まえ，本章のポイントをまとめる．①川崎の景観写真から，都市を理解するためにどのような要素を抽出するか．②抽出した景観要素から，都市の地理的特徴やその変化をどのようにとらえるか．③抽出した景観要素の相互の関係性から，どのように都市構造とその変化をとらえるか．④教科書に記述されている地理的事象を，川崎でいかに具体的に理解するか．

1. 川崎臨海部の景観を読む

　写真1は川崎区臨海部の川崎マリエンの展望室から北西方面を写した景観である．写真左のAの鉄塔は東京電力フュエル＆パワーが運営する東扇島火力発電所，Bが同じく川崎火力発電所で，Cは川崎天然ガス発電所である．火力発電の原料として多く利用されているのが液化天然ガスで，これと原油が川崎港の輸入の大半を占めており，資源を海外に依存する日本において，川崎港がその受け皿の一翼を担っている．Dは東亜石油のオイルターミナル石油精製所であり，重化学工業地帯として活況を呈したかつての姿の一端がみられる．一方，Eは即席麺類の製造・販売業を営む東洋水産の倉庫，Fは味の素物流の物流センター，Gが倉庫・運輸業を営むタカセの倉庫である．川崎の臨海部は，国内上位3位に入る貿易港をも

ち，大消費地でもある東京と横浜に近接するとともに，首都高速湾岸線や東京湾アクアラインによって東京・横浜・千葉方面へのアクセスもよいため，これらの大都市との間でモノの流れがさかんであり，近年では冷蔵・冷凍食品の物流センターとしての役割が大きくなっている．Hには後述する武蔵小杉のタワーマンション群がみられる．

写真2は工業地帯の夜景景観として，日本触媒千鳥工場を写している．同じくカバー裏の写真は，千鳥橋から南西方向を写した景観である．近年，川崎・北九州・四日市・室蘭などのかつての工業地帯では夜景景観が人気を得ており，新たな観光資源として注目されている．多くの工業都市は，かつての公害の経験などによって負のイメージが強かったが，工場の夜景景観の人気によって，そのイメージが改善する可能性もある．

写真3は，多摩川に架かる六郷橋の川崎側のたもと付近から多摩川下流方面を写した景観である．写真中央には京浜急行大師線が通っており，その先には高層マンションが，その左には味の素川崎工場がみられる．この京浜急行大師線は，川崎大師の存在により，関東初の電車として1899（明治32）年に開通した．川崎の近代工業化は，1906（明治39）年に明治製糖が，JR川崎駅近くで現在はソリッドスクェアや東芝のオフィスビルが立つ場所（図1，2の11）に立地することから始まるが，京浜急行大師線が敷設されたことで，その後の工場立地はその沿線で進んだ（小川1967）．1909（明治42）年には蓄音器を扱っていた日本コロンビアが，1914（大正3）年には味の素が立地した．写真3中央のマンションは，日本コロンビアの跡地に建てられている．川崎の工業化に大きな役割を担った京浜急行大師線は，今日では沿線のマンション居住者の足となっている．この新しい高層マンションに対して，写真3の右側には築年数がやや古いアパートもみられ，川崎では新旧の集合住宅が混在している．

他の多くの工業都市と同様，川崎に立地する製造業はかつての工業化の進展に伴う公害の経験から，環境への負荷を少なくするための技術が高められている．写真3にみられる味の素川崎工場でも，「硝化脱窒システム」という，微生物の力で排水の汚れを取り除くとともに，微生物は肥料の原料として生かす技術が開発されている．

2．川崎内陸部の景観を読む

写真6は川崎市幸区の河原町団地から北西方面を写した景観である．中央にはJR南武線鹿島田駅周辺の高層マンション群（A）が，その左側には同矢向駅周辺のマンション群（B），Aの右側には武蔵小杉駅周辺の高層マンション群（C）がみられる．川崎市の人口は2017年8月1日現在1,502,599人で，人口規模では2015年に京都市を抜いて国内7番目の都市となり，今後も増加することが予測されている．生産年齢人口やその子ども世代の流入に伴う人口増加は今日の川崎の大きな特徴の一つであり，景観としては多くのマンションが林立する姿で表れている．

Bの左側にはインクジェットプリンターの開発が行われているキヤノン矢向事業所（D）がみられる．キヤノンはJR南武線の川崎駅と尻手駅の間（図1，2の9）にも川崎事業所があり，ここには研究開発・生産関連管理・事業本部部門などがおかれている．多くの都市で電気機械など組み立て型の工場が内陸へ立地したように，川崎市でも第二次世界大戦以前（以後，戦前・戦後とする）から南武線沿線に電気機械工場が立地したが，近年はこれらが研究開発（R&D）部門へと転換している．

写真6に写された現在の景観要素が，なぜその場所に立地するのかを考察するには，過去から現在にかけての変化を見るとよく，それには古地図が有効である．上記の写真6のA〜Eには，いずれもかつては工場が立地していた．いずれも鉄道駅に近接しており，貨物鉄道が主流であった時代の工場立地として適地であった．その後これら

写真1　今日の川崎臨海部の景観（2017年9月撮影）

写真2　川崎臨海部の夜景（2017年11月撮影）

写真4　さいわい緑道と「旧南武鉄道貨物線軌道跡」の碑（2013年11月撮影）

写真3　京浜急行大師線と新旧の集合住宅（2017年2月撮影）

写真5　駅前商店街・銀柳街（2011年5月撮影）

写真6　今日の川崎内陸部の景観（2017年2月撮影）

写真7　閉店した市内唯一の百貨店（2015年6月撮影）

写真9　駅前の商業施設ラ・チッタデッラ
（2011年5月撮影）

写真8　JR川崎駅周辺の路上ミュージシャン（2016年6月撮影）

写真10　川崎駅付近の簡易宿泊所街
（2016年5月撮影）

の工場が安価な労働力を求めて海外や地方へ移転すると，駅前に広大な空地が生まれた．土地の利用や所有の権利が細分されている場合，広大な敷地を獲得するのは困難であるが，その取得が比較的容易であった．今日，武蔵小杉駅や川崎駅の駅前など好立地な場所にマンションや研究所などがみられるのは，かつて川崎が工業都市であったことと深く関係しているのである．

写真4は，JR南武線矢向駅付近から河原町団地の南を通り多摩川の手前まで続くさいわい緑道の一部を写している．現在の河原町団地の場所には，かつてはワイヤーロープなどを製造する東京製綱の川崎工場（図1，2の7）があり，南武線矢向駅の北側からこの東京製綱に向けて，貨物線が通っていた（図1，2の8）．1970年にこの工場が茨城県の土浦へ移転すると，その跡地には13棟からなる河原町団地が建設された．工場がなくなると貨物線軌道も不要となり，河原町団地の完成から間もなく，さいわい緑道へと変わっている．この緑道内の公園で子どもたちが遊んだり，生活歩道として人々が利用したりする光景は，地域住民にとっては日常的な景観であるが，この緑道もかつて川崎が工業都市であった痕跡の一つといえる．写真4の左の石碑には「旧南武鉄道貨物線軌道跡」と刻まれている．

このように，かつて川崎が工業都市であったころは，工場があったということだけでなく，地域住民が生活をするうえで一切かかわりのない貨物線が通り，人々はそのなかで暮らしていた．今では，貨物軌道は緑道や公園となって人々の生活と深くかかわるようになった．工場はマンションへと変わって居住人口を増やし，商業施設のドン・キホーテ（写真6のE）に変わった所もある（図1，2の6）．工場がマンションに代わったことで，地域一帯として生活にかかわる施設がふえ，工業都市というものづくりの空間から，人々が暮らすための生活空間へと大きく変容している．

3．JR川崎駅前の景観を読む

写真11は，JR川崎駅周辺を写した景観である．Aはショッピングセンター（以下，SCとする）の売上で国内2位（2015年）を誇るラゾーナ川崎プラザである．その人気の背景の一つは，神奈川県内におけるJR線の乗車人員数で横浜駅に次いで2位，JR東日本エリアで11位（いずれも2016年）であるJR川崎駅に直結していることがあげられる．近年，日本で増加しているSCは工場跡地に建設される場合も多く，ここも1908（明治41）年に東芝の工場が立地し，先述の明治製糖と並んで川崎の近代工業化の先駆けとなった場所である（図1，2の10）．現在も東芝はその敷地の一部をオフィスと科学館として利用している（写真11のB）．

写真11のCは日本最大級のパイプオルガンを有する音楽ホールが入るミューザ川崎である．ここはフランチャイズ契約を結んでいる東京交響楽団のコンサートや地元の中学生による演奏会なども開催されている．川崎は，大気汚染が改善した2000年を過ぎても「街が汚い」といった負のイメージが根強く，これを払しょくするために進められているのが「音楽の街」としての政策であり，ミューザ川崎はその中核となる施設である（佐野・牛垣2009）．川崎駅の周辺では，写真8のように所々で路上ミュージシャンや大道芸人を見ることができる．このような路上での活動は，無許可であれば道路交通法違反に相当するが，川崎市では，「音楽の街」政策の一環として，時間と場所等を限定してこれらの活動を認めている．

写真11のDは，JR川崎駅に近いマンションだが（図2の17），この場所にはかつて写真12のアパートが立っていた．多くの工場労働者が暮らしていた川崎には，かつてはこのようなアパートが多く立地していたが，近年はこれらが再開発され，駅前など立地の良い場所では分譲価格がおよそ1億円の高価格な高層マンション

に変わっている．そのようなマンションに暮らしているのは，比較的所得の高いキャリア層と考えられ，この地域で居住する人々の社会層にも変化がみられる．これは先進国の都市部でみられるジェントリフィケーションに近い現象といえる．

　写真5は，JR川崎駅の東に位置し中心商店街の一角を成す銀柳街を写した景観である（図2の13）．手前にサンドラッグとマツモトキヨシがみられるように，この近辺にはドラッグストアが多く，この商店街は最寄品店や飲食店を中心に構成されている．人口規模では川崎市よりも小さな京都市，仙台市，広島市などの中心商店街では，百貨店や世界的なブランドショップの専門店が立地するのに対して，川崎市では唯一の百貨店であったさいか屋川崎店（図2の14）も，写真7のとおり2015年5月31日で閉店した．川崎市は人口規模に対して，服飾関係を中心とする買回品店が少なく，これはかつて工場労働者の街としての性格が強かったことの影響と考えられる．また東京の銀座や新宿，渋谷といった繁華街に乗り換えなしでアクセスできるため，買回り品の購入はこれらの繁華街を利用する場合が多い（牛垣2008）．しかし近年では，これまでみてきたように高価格なマンションが建設されて中・高所得者も増えているため，ラゾーナ川崎プラザにはCOACHなどのブランドショップも入っている．

　写真9は，2002年に開業した映画館・ライブハウス・結婚式場などを併設する複合商業施設ラ・チッタデッラであり（図2の15），ここは現代的な空間演出によって西欧風の街並みが創られ，よくテレビの撮影などでも使われている．

　華やかな消費空間が演出されたラ・チッタデッラのすぐ西側の日進町（図2の16）には，写真10のような簡易宿泊所街（通称ドヤ街）がみられる．ここには1泊千～2千円程度で宿泊できる宿が集まっており，かつては工場労働力の供給基地としての役割を担っていた．しかしその一角にある吉田屋が2015年5月17日の火災で全焼し，11名の犠牲者を出したことで大きなニュースとなった．この影響もあり，近年では宿泊者も減少しており，再利用のあり方が検討されている．この簡易宿泊所街と，西欧風の街並みがつくられたラ・チッタデッラは近接しており，景観的にも強いコントラストがみられる．新旧の川崎の景観，川崎市のもつ二面性を，このような景観の違いからもとらえることができる．

4．川崎の外国人街の景観を読む

　写真13は，臨海部の工業地帯に近い川崎区浜町にあるコリアタウンである．川崎には大阪など他の工業都市と同様，戦前からセメントなどに利用された砂利の採取や工場の労働力として，朝鮮半島から日本へ連れてこられた人々が集住する集落が点在していた．写真13のコリアタウンの周辺には市内で最も多くの在日韓国・朝鮮人の人々が住んでおり，戦後，彼らが生きていくために，日本人が食さず「ほおるもの」とされていたホルモン焼きを扱うようになり，焼肉屋街が形成された．2000年代のBSE（牛海綿状脳症）問題によって多くの店が閉店に追い込まれたが，現在でも川崎市の貴重な観光資源の一つであり，川崎市観光協会のウェブサイトでも紹介されている．写真13のコリアタウン入り口の左の門柱には「セメント通り商栄会」と書かれている．撮影した場所の背後には浅野セメントの工場があり，かつてからそのトラックが通っていたことが名称の由来とされている．この門柱の通り名によって，この景観写真のなかで工場と在日韓国・朝鮮人の人々を関連づけることができる．なお，写真14は川崎駅付近の多摩川沿いにマンションが林立している景観である．ここにはかつて在日韓国・朝鮮人の人々が住むバラックがあったが，これらに代わって今日の

写真11 今日のJR川崎駅周辺の景観（2017年6月撮影）

写真12 かつてJR川崎駅周辺にあったアパート群（1999年10月撮影）

写真14 川崎駅付近の多摩川沿いのマンション群（2013年1月撮影）

写真13 臨海部近くのコリアタウン（2014年11月撮影）

写真15 桜本商店街の「日本のまつり」（2014年11月撮影）

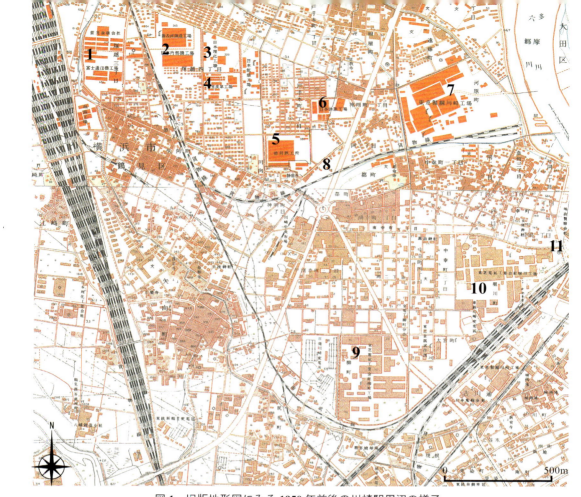

図1　旧版地形図にみる1950年前後の川崎駅周辺の様子
1万分の1地形図「矢口」（昭和30年修正測量），「鶴見」（昭和23年修正測量）を57％縮小．

図2　都市地図にみる2017年の川崎駅周辺の様子
『都市地図　神奈川県2　川崎市』（昭文社，2017年発行，1/16,000）を73％縮小．

表1　1950年頃（図1）から2017年頃（図2）にかけての川崎駅周辺と内陸部の変化

	1950年頃	2017年
1	菱光倉庫会社・富士通信機工場	キヤノン研究所，マンション
2	新古川鋳造工場・日本内燃機工場	マンション
3	日本理化工場	マンション
4	宝皮革工場	マンション，公園，温浴施設
5	池貝鉄工所	マンション
6	日本油脂工場	商業施設ドン・キホーテ，マンション
7	東京製綱川崎工場	団地
8	貨物線	緑道
9	東芝電気工業会社柳町工場	キヤノン研究所，マンション
10	東芝電気工業会社堀川工場	商業施設ラゾーナ川崎プラザ，東芝オフィス等
11	明治製糖・明治製菓	オフィスビル，マンション
12		マンション
13		駅前商店街　銀柳街
14		百貨店　さいか屋跡
15		複合商業施設ラ・チッタデッラ
16		簡易宿泊所街
17		マンション

1~17は図1および図2の番号に対応している．

マンションが立地している．

　外国から来た人々が多く住む都市では，彼らと日本人との共生のあり方が早くから課題とされてきたが，川崎市でも，かつて在日韓国・朝鮮人の人々に対する差別が問題となった．その結果，在日外国人と日本人が手を取り合って生きていくための活動が早くから行われており，コリアタウン周辺の地域では写真15のとおり，11月に神輿や韓国・朝鮮の伝統芸能などが催される「日本のまつり」が開催される．川崎市としても，多文化共生のための取り組みとして，在日外国人に意見を聞き政策へ反映させるための「外国人市民代表者会議」が開催されており，そのことは小学校社会科の教科書『小学社会6下』（教育出版，2016年発行）でも取り上げられている．

5. 景観要素からみた川崎の都市構造

　これまでみた景観写真に描かれた要素は，相互に関連しながら川崎という都市を構成している．そのような景観要素の関係性から都市構造とその変化を示したのが図3である．

　これをみると，今日の川崎の特徴といえるマンションや研究所，SCなどの多くは工場跡地に立地しており，かつて工業都市であったことと直接的・関節的に関係していることが分かる．

　また川崎で増加しているマンションのなかには，かつては工場労働力の担い手となった日本人が住むアパートや，同じく在日韓国・朝鮮人の人々が住む集落であった場所が再開発された場所も多い．

　工場の集積によってもたらされた公害という苦い経験も，今日の川崎の政策と関係している．路上ミュージシャンの活動やミューザ音楽ホールの建設といった「音楽の街」としての政策は，工業化によって発生した公害という負のイメージを払拭することを目的に推進された．今日の工業夜景の人気も，その負のイメージを変える可能性もある．今日の製造業において，環境へ

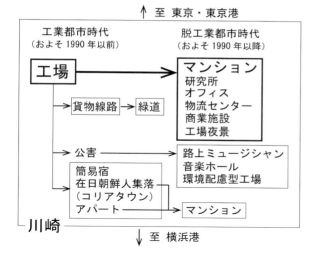

図3 川崎における景観要素の関係性と都市構造

の負荷を軽減するための技術が蓄積されているのも，公害という苦い経験に対する反省の結果といえる．

このように，過去および今日の川崎の特徴を表す景観要素は，いずれも工場と直接的・間接的につながっている．川崎という都市の地理的特徴や構造およびそれらの変化をとらえるには，図3のように工場を中核に添えて他の要素との関連性をみると理解しやすいのである．

6．景観写真による都市の理解のポイント

最後に，川崎の景観写真の読み取りから都市の地理的特徴を理解するポイントを簡単にまとめてみる．まず，景観写真から「これは何だろう」と疑問をもった対象について，インターネットなどで調べるのである．たとえば，写真13の「セメント通り商栄会」をみて，「なぜセメント通りと言われるか」を調べれば，近隣の工場と関係があることを知り，地域の歴史や特徴を理解することにつながる．景観写真に写された要素を手がかりに「これは何だろう」「この地域にどのような役割を果たしているのだろう」「なぜこの場所にあるのだろう」などといった点を調べていけば，都市をより知ることができる．

都市の景観写真を写す前についても同様で，目の前の諸々の都市景観の要素が「何なのか」が分からない場合は，スマートフォンやタブレットの地図アプリケーションで「何か」を確認し，さらにその特徴を検索サイトを利用して調べれば，ここで撮影する景観写真がその都市を理解するのに有効であることを認識することができる．

それでも教員の立場として，景観写真から都市の特徴を説明するために必要な要素を抽出するには，その都市に対する一定の知識が求められる．地域に関する知識を得るには地誌系の書籍が利用しやすいため，川崎の場合の例として主な地誌系の書籍や論文を参考文献としてあげておく．これらの文献により都市の特徴を理解していると，景観写真を撮影することも，景観写真から都市を説明するために重要な要素を抽出することも，複数の景観要素を関連させて都市の構造を推測することもできるようになる．その推測を事実か否かを確認するためにも，改めて文献やインターネットなどで調べることで，都市の地理的特徴や構造を正しく深く理解することができるのである．

(牛垣雄矢)

文 献

牛垣雄矢 2008．川崎市における地域構造の変化―産業と商業地の動向より―．地理誌叢 49（1）：16-33．

牛垣雄矢 2016．動態地誌的観点と歴史的観点を取り入れた地域構造図の作成―神奈川県川崎市を事例に―．東京学芸大学紀要 人文社会科学系Ⅱ 67：61-68．

小川一朗 1967．京浜南部の工業地帯の成長と特色．日本地誌研究所編『日本地誌8 千葉県・神奈川県』401-429．二宮書店．

小川一朗 2003．『川崎の地誌 新しい郷土研究』有隣堂．

佐野 充・牛垣雄矢 2009．川崎地区．菅野峰明・佐野 充・谷内 達編『日本の地誌5 首都圏Ⅰ』329-342．朝倉書店．

Column 8
時代の変化と景観変容：秋葉原

東京都の秋葉原は，特定の業種を扱う店舗の集積地としては国内最大規模であり，戦後のラジオ関連部品から高度経済成長期には家電製品，1980年代にはパソコン関連，2000年頃にはサブカルチャーへの注目の中でアニメ製品を扱う店舗が増えるなど，時代とともに主たる取扱商品が変化してきた．かつては戦後から続く老舗の電気店が多く残っていたが，2000年代における全国的・世界的な家電業界の再編の中で，秋葉原の老舗電気店は全国的にチェーン展開している家電量販店や中国系の企業に統合され，姿を消した店舗も多い．写真1の左に見られるエディオンは石丸電気を，JR秋葉原駅前のヤマダ電機はサトー無線を傘下に収めた．またラオックスが中国系企業の傘下に入ったことにより，赤い看板のカラオケボックスへと変わり，ラオックスの子会社であったナカウラは紳士服のAOKIへと変わった．近年では，従来から秋葉原に集積していた店舗と関連の薄い業種を扱う全国チェーン店も増え，この地域に大きな変化をもたらしているが，その背景には国内外

写真2　秋葉原における裏通りの景観
（2012年8月撮影）

における家電量販店の再編成がある．

一方で，裏通りの雑居ビルにはメイド服などの制服を着た店員がウエイトレスをするメイド喫茶などが集積し，その店員が客引きをする景観がみられる（写真2）．近年では，喫茶店のほかにもマッサージや一緒に街を歩くなど，サービスが多様化している．今日，秋葉原の表通りでアニメ製品を扱う虎の穴などの店舗も，最初は裏通りの雑居ビルの一室で開業するなど，以前から裏通りの小規模店の中には個性的な商品やサービスを提供する店舗が多数存在する．この表通りと裏通りで見られる二面性は，秋葉原の特徴の一つといえる．

（牛垣雄矢）

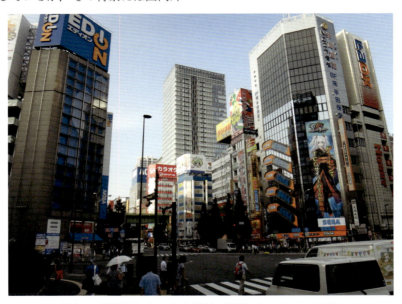

写真1　秋葉原における表通りの景観（2013年8月撮影）

Column 9
時代の変化と景観変容：神楽坂

　東京都の神楽坂は，裏通りは日清戦争後から高度経済成長期にかけて料亭街として賑わい，表通りの商店街は髪結い店や履物店など料亭と関係をもつ店舗で賑わっていた．企業などにおける会合の舞台がゴルフなどに変わると料亭は全国的に減少し，神楽坂でも僅かとなった．それでも神楽坂には，かつて料亭街を形成していた裏通りに石畳と黒塀からなる景観が残されており（写真1），都心にいることを一瞬忘れさせられる．しかし神楽坂料亭の発祥の地とされる場所が，その衰退により26階建てのマンションへと変わっており，景観面では大きな影響をもたらしている（写真2）．

　今日の神楽坂は料亭街としての性格は薄れているが，割烹料理店などより安価な飲食店に変わっている．また近隣に日仏学院があったことで，この付近にはフランス人が多く住み，彼らが神楽坂の景観を好んだことで，近年ではフレンチやイタリアンなどの店舗も増加した．これに伴い多種多様な飲食店が集積し，写真3には沖縄料理店やインド料理店の姿もみられる．

　今日の神楽坂は，多種多様な飲食店の集積地として人気となり，海外で話題となっている料理や店舗が神楽坂でオープンするなど，食に関する流行の発信地としての側面もある．かつて料亭街であったころは，男性客を相手とする街であったが，今日では食の流行に敏感な若い女性たちが行列を作る店も多く（写真4），飲食店街としての性格も大きく変化している．

（牛垣雄矢）

写真1　かつての料亭街の景観（2004年6月撮影）

写真2　かつての料亭街に建設されたマンション
（2014年9月撮影）

写真3　多種多様な飲食店が集積する景観
（2014年9月撮影）

写真4　女性たちが行列つくる人気の飲食店
（2017年3月撮影）

第6章 景観写真で読み解く農山村
― 集落の土地利用に注目してみよう ―

　農地および林野は，日本の農村における土地利用の基本的要素であり，家々とともにまとまりのある農村空間を形づくる．農地や林野，それらを保有・利用してきた人々の居住地が見られるところであれば，市街地の侵入が進んだ都市郊外の農村でも，農業のさかんな平野部の農村でも，条件不利地といわれる中山間地域の農村でも，過疎問題を抱える都市から遠隔な農村でも，農村空間をどこにでも見出せる．

　地表上に具体的に農村空間を定めて現地を訪れたとき，その時点でその農村空間において地理的事象としてよく観察できるものが，土地利用景観である．農村の土地利用景観にはそこに居住する人々の営為がさまざまな形で反映され，そのことが景観それ自体の読み解きを可能にする．

　ここでは高知県仁淀川中流域の四国山地に位置する越知町大字鎌井田桑藪（大字鎌井田本村を含む）において，1995年から1999年にかけて撮影した写真を用い，変わりゆく農山村をその土地利用景観から読み解く．具体的には，まず，対象農村空間の地域的特徴を景観写真により概観する．そのうえで，土地利用景観を構成要素に分けて取り上げ，それぞれの景観について，土地や地域にねざして生活する人々の営為がどのように反映したものであるのか，山地に位置する農村の特性に留意して，読み解きを進める．

1. 景観の構成要素を読み解く
【集落の立地】　鎌井田桑藪は仁淀川の支流，宮谷川の源流域を領域とする大字で，その領域内には主に3つの集落（桐ノ峠・桑藪・シデノクボ）がある．それぞれの集落の立地を，景観写真を用いて説明してみる．

　写真1と写真2は桐ノ峠集落を谷の対岸から撮影したもので，集落を中心とする土地利用を概観できる．周囲よりも緩やかな傾斜地の中央部に居住地のまとまりがあり，その周辺にはやや急な土地も含めて農地が広がり，さらにその外側の急傾斜地が林野となっている（写真2）．農地部分の土地利用に着目すると，一部に樹園地もみられるが，石垣や縞状に見える畦畔の茶の木で多少の傾斜の軽減を図り，普通畑として利用している．撮影時点・地点を少し変えると，畑だけではなく，水田があることを確認できる（写真1）．灌漑用水は田の上端から斜面を水平に進むと行きあたる流水のある谷から引いている．

　写真3はシデノクボ集落からほぼ南向きに撮影したもので，直下にある桑藪集落と下流の谷の眺望である．斜面アと斜面イの間に宮谷川のV字谷を確認できる．宮谷川は南向きに流れ，東西方向に延びる低い尾根ウの手前を流れる仁淀川に合流する．尾根ウの向う側は盆地で，越知町の市街地がある．桑藪集落は宮谷川が刻む谷よりもひときわ高いところに位置し，南側が開け，日照条件に恵まれていることがわかる．

【製紙原料産地の景観】　四国山地のうち，仁淀川中上流域の村々は，昭和初期にかけて製紙原料となるコウゾ（楮）やミツマタ（三椏）の産地であり，伊野の製紙業を支え，紙幣用の原料の供給地となっていた．1990年代末の鎌井田桑藪ではチョヒ（楮皮）の生産が維持され，製紙原料産地であることを示す風景要素がみられた．

　写真4～6は，いずれもシデノクボ集落で撮影したものである．写真4は春先に撮影した，ある農家の庭先の風景である．細長い樽状のものは甑と呼ばれる大型の蒸し器である．浅い釜に水を入

第 6 章　景観写真で読み解く農山村　65

写真 1　桐ノ峠集落の水田（1995 年 7 月撮影）

れて下から火を焚き，滑車を使って細長い蓋を持ち上げ，収穫したコウゾの枝の束を立てて入れ，蒸すことができる．蒸し終えたコウゾは皮を剥ぎ，その皮を製紙原料として出荷する．写真 5 は別の農家の作業小屋で，製紙原料となるチョヒを計量し，仲買人に売りわたす準備をしている．写真 6 は盛夏のコウゾ生産農家の居住地前の畑を撮影したもので，この時期にコウゾは勢いよく伸びる．

【林野の景観】　鎌井田桑藪の土地は大半が山で，今日，土地被覆の大半は森林である．かつては山が日常的に利用されていた．その時代を知る住民は山の空間を，「サコ」と呼ぶ凹状の地形（写真 7）を単位にして捉えている（中村，2000）．サコとは逆に凸型の山頂・山稜を「ウネ」と呼ぶ．

山の利用度は 1950・60 年代以降に低下した．ただし，森林のなかにわずかではあるが過去の山の利用を示す痕跡が残されている．

仁淀川中流域の村々において，ミツマタは明治期に伊野の製紙改良家が普及させたもので，山に自生していたものではない．ミツマタは一般の畑で管理して栽培するようになって久しいが，1960年頃までは専ら焼畑で栽培していた．今日，山でミツマタの木がみられることがある（写真 8）．これはかつて焼畑農法により山でミツマタが栽培されていたことの痕跡である．

山では炭窯の遺構もみられる．かつて木炭が生産されていた痕跡である．写真 9 の炭窯は植林地のなかにある．木炭の原木は雑木林であり，杉の植林地になる前はこの場所が雑木林で製炭場所となっていたと予想することはできる．ただし，この場所は植林地となる前はミツマタ畑として利用され，雑木林となっていたのはそれよりももっと

集落の立地

写真2 桐ノ峠集落の景観（1998年3月撮影）
居住地・農地・林野がどのような場所にあるか，山村の集落の立地を読み解くことができる（本文参照）．谷を隔てたシデノクボ・桑藪集落のはずれから撮影．写真1は中央部を拡大して土地利用の情報を加えたもの．

写真3 シデノクボ集落からの眺望（1995年7月撮影）
直下にある桑藪集落および下流の谷に続く景観から，集落の立地を読み解くことができる（本文参照）．

↑写真4 春先のコウゾ生産農家の庭先に設置された甑（コシキ）（1997年2月撮影）

写真5 計量中のチョヒ
（1997年2月撮影）

製紙原料産地の景観

↑写真6 盛夏のコウゾ畑（1997年7月撮影）

↓写真7 山の空間に対する現地の呼称（1995年11月撮影）

林野の景観

写真8 ミツマタの散在樹（黄色の花：1998年3月撮影）
1960年頃まで焼畑でミツマタを栽培していた時代の痕跡．

写真9 杉の植林地に残る炭窯跡（1998年3月撮影）
雑木林が広がり，炭焼が行われていた時代の痕跡．

前のことである．

焼畑が行われていた頃は，火入れがなされた後に雑穀類を作り，同時またはその後にミツマタを栽培し，ミツマタの収穫ができなくなると，そのまま放置して植生を回復させていた．一方，管理の行き届いた植林地の保有者のなかには，植生の回復期間の有効利用を図り，植林を積極的に導入してきた農家もある．ミツマタの生産が下火になると，跡に杉苗を植えることが多くなり，1960年代半ばには「ショクリン」と呼ぶ植林地が目立つようになった．このような経緯が1990年代末の林野景観に現れ，林野は濃い緑色の植林地，褐色の部分が混じりあった雑木林，裸地になった伐採跡地のモザイクとなっている（写真7）．

2．人の営みと作物の景観

【耕作方法と耕作用具】 集落周辺には農地が集中している（写真2）．農地という景観要素がそこにあり続けることは，人々の営為が働きつづけていることの根拠となる．ここでは耕作方法に着目して，写真を用いて解説してみる．

写真10，11は畑を耕す農家夫婦である．使用している鍬は「ヨツゴ」（写真12）と呼ばれ，先が4本に分かれている．刃先はそれぞれ尖っており，多少，固い土でもよく耕すことができる．また，男性が持つ鍬と女性が持つ鍬とでは重さが異なり，体格に合わせて力が発揮できるようにしている．写真10，11の農地は，画面左から右に向かって傾斜している．耕作者は傾斜する斜面の上側に立ち，斜面下側に向かって鍬を入れ，土を引き寄せるように耕す．楽に耕すには，斜面の下側に立ち，斜面上側に向かって鍬を入れ，重力に逆らわずに土を引き寄せた方がよい．そうしないのは，傾斜地では土が斜面下方に流出しやすいため，農家が土を上方に戻すように耕し，耕作に不可欠な土の流出を防ごうとするからである．

写真10，11　耕作方法を記録する連続写真（1997年2月撮影）
現代なら動画で記録するのもオススメ．

写真12　ヨツゴ　　　写真13　テンヅチ　　　写真14　ハリマワシ　（以上．1997年2月撮影）

自宅周囲の農地を耕す際，農家は鍬のほかに「テンヅチ」（写真13）と「ハリマワシ」（写真14）を常備している．いずれも農具としては重量感がある．テンヅチは石垣用の石の形を整えるのに使用するもので，岩石ハンマーのようなものである．ハリマワシは畑から出てきた脆くなった石を砕くものである．柄が細くて長いという特徴があり，しなりを効かせて強い力で鉄製の鎚を振り下ろし，脆くなった石を砕き，土に混ぜる．これらの道具は，一般的には建設現場で用いられるものであるが，この集落では農具の一部となっている．

自宅まわりの念入りな耕作作業は農地を維持することに加え，石垣等の手入れの継続にもつながり，全体として居住地の整備・維持につながる．

【耕地の景観】 写真15は，夏に集落近くの農地を撮影したものである．水田が少なかった鎌井田桑藪では，かつて，ハダカムギやトウモロコシも主要な食糧作物となっていた．1990年代末，ハダカムギはすでに栽培されていなかったが，集落内の畑ではキビジと呼ばれるトウモロコシ畑が随所にあり，食べ慣れた作物として複数の農家が栽培を続けてきた（写真16）．

写真17はサツマイモの栽培地で，この地区では「イモジ」と呼ばれている．ここではイモジを景観として捉え，読み解いてみる．イモジは傾斜する畑をそのまま利用している．サツマイモを栽培する際に畝が立てられ，そこで芋が育つように工夫されている．畝の高まりは斜面に対して水平に延びている．畝立ての際には，下から上へ土を持ち上げるように，つまり写真10，11の耕作方法の原則に従って耕す．また，それぞれの畝の背後に肥料となる草（コエ草）が置かれている．「肥料分が上方から下方へ移動する」という農家の考え方がこの配置を作り出している．

3. 山地斜面の景観

鎌井田桑藪の居住地から谷沿いの道を使って山に入り到達した山地斜面は，1990年代末に多様な土地利用を観察できた大字内でも数少ない場所だった．当時撮影した写真をもとに，土地利用を読み解いてみる（コラム10）．

斜面の上部をみると（コラム写真1），樹木作物が栽培されていることがわかる．これは製紙原料となるミツマタやコウゾである．このうちコウゾは1990年代末にも収穫・調整後に販売していたが，ミツマタは調整・販売されず，手入れのみがなされていた．コウゾやミツマタの背後にはそれほど年を経ていない植林地がみられる．木の育ち具合からこの斜面では何度かに分けて植林されていることがわかり，製紙原料の栽培地から林野へと土地利用の転換がなされている．

斜面の下部をみると（コラム写真2），谷沿いに小規模で平坦な農地が確認できる．写真撮影時にはみょうが畑や薬草畑として利用されていたが，もともとは水田であった．対岸には耕作が放棄された田もみられる．もう一度，コラム写真1をみると，斜面上に枯草が高く積まれている様子が確認できる．これは周囲の草を刈って集めたもので，肥料にする．採草地のことをこの地区では「コエバ」と呼んでいる．コエバの植生はススキで，刈った草を積んだものは「クロ」と呼ぶ．秋に草刈りをしてクロを作り，冬の朝露にあたって発酵したものを，春に肥料として用いる．

【ウネのコエバ跡】 山地斜面はかつて焼畑用地としての利用があり，集落周辺の農地では食料作物の生産が必要であった．このためコエバは対象地区のなかでひときわ標高の高い900 m以上の山頂・山稜（さんりょう）が利用された．写真18は，調査時点において最近まで使われていた山頂部のコエバの跡地である．遠方に見えるのは桐ノ峠集落であり，コエバは集落からも眺めることができた．高齢の住民は「むかしはコエバがきれいに禿ていた」と語り，目立つ景観要素であった．

植生の状況をみると，ススキが優勢である．このコエバの利用者によれば，コエバを管理するコツは雑木が伸びないように夏季に手入れをするこ

↑写真 15 キビジ（トウモロコシ畑）（1995 年 7 月撮影）

↑写真 16 収穫後のトウモロコシ（1995 年 11 月撮影）
軒下で干されていた．

作物の景観

↓写真 17 イモジ（サツマイモ畑）
（1997 年 7 月撮影）

71

土地利用を読み解く

←写真18　山頂部（ウネ）の景観（1998年3月撮影）
奥（写真の上半分）の斜面は森で覆われているが，手前の斜面はススキが優勢で雑木も混じっている．この写真からどんなことが読み解けるか？
本文【ウネのコエバ跡】参照．

→写真19　山地斜面の田
（1999年2月撮影）
どんな場所に田がつくられているか？

＊対岸の山々を区別するために，写真の一部を処理した．

↑写真20　田の形態（1999年2月撮影）
どんなことが読み解けるか？
本文【サコの田】参照．

←写真21　1990年代以降，新たに登場した景観
（1995年11月撮影）
何の畑か？　山村に新しい作物が導入される背景も考えてみよう．本文「4. 現代的農業の景観」参照．

写真22　新しいコエバ（1999年2月撮影）

めの簡単な索道で，農業の効率化を図って高度経済成長期以降に設置されたものである．写真22は1990年代末頃にみられたまだ新しい，少し小規模なウネのコエバで，現在も採用されている．写真22は宮谷川沿いの車道から写真を撮影したものである．

【サコの田】　写真19は宮谷川右岸側の支流の田である．この田は谷間にあたる場所，すなわちサコに位置している．住民は「サコザコに田があった」と言い，かつてはこのような田がサコごとにみられた．

　写真20から，田の形態は石垣の棚田であること，形状の特徴として高さが高いこと，奥行きがないこと，間口が広いことが確認できる．これを住民は「キシの高い田んぼ」と表現し，法面の高さが際立っていることを強調している．そのような形状の特徴が生まれる要因の1つは，斜面の傾斜が急であることに求めることができる．

　図1左の写真は，立ち寄った農家の庭先で見かけた金属片で，かつて田の耕耘に使った「牛鍬（うしぐわ）」の一部である．図1右はこれに合致する部分を含む土佐の在来犁（すき）の図で，このような犁を牛に引かせて使用していた．田を保有する農家ではコエバの草を飼料にも活用していた．写真20では，田の地割りが全体に細長い．その理由として，前進して耕し続けようとする牛の動きに対応したのではないかと考えられる．

　写真20では谷筋も確認できる．この田は谷筋の水を引いている．このため，水路は比較的短い．

とであるという．写真をよくみるとススキに雑木が混じる状況がみられる．このコエバは人による管理の手を外れており，今後は時間とともに景観的変化が生じ，雑木林が優勢になると想像できる．

　写真18では右側から斜め下に向かって細いワイヤーが写っている．これは草を麓まで下ろすた

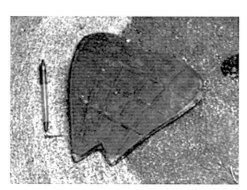
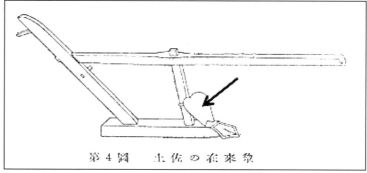

図1　牛鍬（うしぐわ）の部品（写真）とその部品を含む土佐の在来犁（図）
図は山岡（1939）より引用（矢印を加筆）．

写真23　集荷場での薬草の洗浄（1999年2月撮影）

写真24　薬草の乾燥（1999年2月撮影）

写真をみると，谷の向う側には耕作放棄された別の棚田のまとまりが確認できる．サコの田は複数枚の田のまとまりが1農家の所有単位で，水利網はこのような田のまとまりごとに独立している．そのため，ある農家が田の耕作を放棄しても，他の農家の耕作の継続に影響することはなく，田の耕作を続けるか否かの意思決定が個別になされやすい．

4．現代的農業の景観

写真21は薬草畑である．薬草畑は1990年代以降の鎌井田桑藪で最も目立つ農業景観要素である．その薬草栽培を統括しているのが越知町横畠地区の事務所がある農事組合法人（生産者で組織される法人）である．

薬草栽培は鎌井田地区に隣接する横畠（よこばたけ）地区の男性が始めた．その男性は1990年頃に法人組織をつくり，漢方薬製造会社との契約栽培を本格化させた．これが越知町全域に広まり，薬草栽培の適地であった中山間地域の畑や転作田に薬草が栽培されるようになった．契約先は本社が東京にある資本金195億円（2017年現在）の大きな製薬会社である．

薬草を洗浄し，干して製薬会社に出荷している．集荷場は盆地内にあり，町内各地の薬草畑から，農家自身で収穫物を軽トラックで運び込んだり，農家からの要請を受けて事務所にいる組合員が収穫・集荷に出向いたりしてここに集められる（写真23，24）．

薬草栽培にかかわる農家には，家を継ぐために都市部から戻ったものの農業経験の浅い人，代々そこに住み続ける子育て世代の専業農家，農業を細々と続ける1人暮らしの高齢者など多様である．帰農者は土づくりに苦手意識を持つが，収穫の手伝いに行ったり，洗浄を手伝ったりしていた．長年，農業を続けてきた高齢女性は苗の育成を手掛けていた．子育て中の専業農家は集落内よりも他地区に農地を広く借り，毎日，集落から遠方の農地に出かけて収入を確保していた．1990年代末，薬草は生産過剰ぎみで生産調整をしていたが，その際，子育て世帯に割り当てが多くなるような配分がなされていた．

薬草畑の景観は，大都市から離れた地域の山地農村であっても産業としての農業が成り立つことを示すものである．

（中村康子）

文献
山岡眞十郎（1939）：高知県における犂の右反転に関する歴史的考察．農業機械学会誌，3（2）：176-180．
中村康子（2000）：山腹集落における焼畑慣行期の土地利用空間：高知県越知町鎌井田桑藪の例　学芸地理，55：29-41．

Column 10
土地利用を景観写真で表現する

山地斜面の景観を撮影し，土地利用の情報を加えたもの．野外調査の記録として貴重な資料となる．本文「3. 山地斜面の景観」参照．

(中村康子)

写真1　斜面上部　(1998年3月撮影)

写真2　斜面下部　(1998年3月撮影)

Column 11
消えゆく景観の保全

　6章で読み進めてきた景観要素には，今後も景観として残り続けると予想されるものと，そのままでは消失すると予想されるものがある．

　薬草畑は，この地域の産業として成り立って景観として存在するものであり，残り続けるものである．集落周辺の農地も，住民が住み続ける限りは残りうる．一方，山地斜面の土地利用景観，山頂部のウネのコエバ，サコの田んぼの3つの要素は，農村景観として消えゆく状況がみられる．

　これら土地利用景観は，現在では山のなかにスポット的に存在しているものであり，集落とスポット，スポットとスポットとが小道で結ばれている．こうした小道のうち，写真1は耕作地に続くルート，写真2は耕作放棄地に続くルートを示している．利用が放棄されると，倒木などで小道が荒廃し，通れなくなる可能性があり，人々の居住空間の予想以上の喪失につながるとみられる．

　地理教育では事実の把握がまず重要視されるが，近年はそれに加えて「意思決定」も重視されるようになってきた．ここでの景観写真の読み解きの内容が活かされるような意思決定課題として「消えゆく景観要素の保全」を設定することができる．

　写真2のような「消えゆく景観」を保全するためには，どうしたらよいのだろうか？

　対象とする農村空間内には山頂（976m）に神社がある．課題解決策の一つとして，山頂の神社をめざし，集落を拠点に登山やハイキングを楽しむ人が訪れる工夫をしてみてはどうだろう．スポット的な景観の魅力に注目して，来訪者が山の小道を通る可能性がでてくれば，農村空間の縮小を防ぐことができるのではないだろうか．

　読み解いた内容から景観要素に価値づけを行い，課題解決を考えさせる教材として，景観写真を活用することもできる．

（中村康子）

写真1　耕作地へ続く小道

写真2　耕作放棄地へ続く小道

第7章 景観写真で読み解くモンスーンアジア
— 水辺の時間と季節の変化に注目してみよう —

　熱帯から温帯のアジアでは，大陸部から島嶼部まで多種多様な自然環境の下で生活が営まれている．本章では温帯・熱帯モンスーンアジアの自然生態と暮らしを理解することを目的に，日本国内と東南アジアの水辺・海辺の景観写真を扱う．

　具体的には，アジアの海辺，干潟，水辺の暮らしについて，潮汐・干満差，風の吹く時季，雨季乾季の違いと漁村集落・漁撈活動との関係のような時間や季節の変化のわかる景観写真（野本1989，橋村2011）から示していく．月齢・潮汐・季節性に左右された暮らし・生業・経済活動を写真から示していきたい．そして，各地域の事例を紹介しながら，これらがアジアや世界のなかでどのような位置づけになるのか，言及していく．

1. 干満差の違い：日本周辺の干潟

　温帯アジアの九州から東アジアの海辺水辺の暮らしについて，有明海の干潟から取り上げていく．

　有明海は最大で約5mの大潮時の干満差があり，漁船での出漁（ノリ漁など）には大きな制約があった．それを解消し，干潮時でも出漁できるように，干満差の影響を受けない澪筋（干潟内の川の流路で，船の航路となる）や海域まで突堤を延ばす「海床路」が各地でつくられた．

　海床路は，佐賀県や熊本県など有明海各地にみられ，熊本県（岱明町，玉名地区，宇土地区）での設置が古く，戦後の海苔生産ブームの昭和30年代から40年代にかけて，干潮時に船を出せない不便を解消するために熊本県北部の滑石などでつくられ，有明海各地に広がった．

　図1の地形図で，海床路を確認してみよう．海域をみると，干満差で生じる干潟（破線の囲み）と，干潮時にも海水を湛えて船の航路となる澪筋が明確に区別できる．陸から干潟上に伸びる数本の直線が海床路で，最も東側の海床路は河口からのびる澪筋に達している．この海床路は「長部田海床路」と呼ばれ，1979年に海苔養殖・採貝を営む漁業者のためにつくられた施設である（宇土市2009）．

　長部田海床路は満潮時に水没するので，干満差の景観を撮影できる（写真1，2）．海のなかに電柱が立ち並ぶ光景は幻想的であり，大手焼酎メーカーのCM映像で紹介されて以降は，撮影スポットとしても知られるようになり，インターネット上で「海床路」と検索すると，この海床路の満潮時の写真が数多く出てくる．満潮時の2時間程度が夕陽時刻にあたると，カメラ撮影する人々でにぎわいをみせる．海床路の延長上に雲仙普賢岳を望むことができるのも人気の要因である．

　海床路は，漁業者・生活者にとっては不可欠の施設であり，来訪者・観光客にとっては風光明媚な観光資源になっている．時々刻々と干満で変化する景観を撮影した写真から，人文地理的，または民俗的な意味を見出すことは，地理教育でも有効だと思われる．

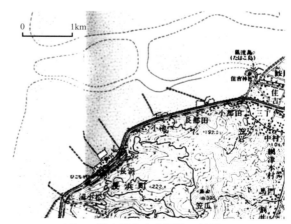

図1　熊本県宇土市網津の地形図
陸から伸びる直線状の点線に注目（本文参照）．

干潟の特質を活かした観光資源の取り組みとしては，佐賀県鹿島市が知られている．鹿島市では有明海沿いに道の駅をつくり，海産物の販売や伝統漁法である四手網（後述）の設置のほか，遠足や修学旅行の学生たちに干潟でのムツゴロウ漁などを体験できるプログラムもあるなど，一般市民も体験できるようになっている．鹿島で最も有名なイベントは，年一回の「ガタリンピック」であろう．干潟の上に敷かれた板の上に自転車を走らせる姿や，参加者全員が干潟につかる姿は印象的である．

図2は，日本およびその周辺の各地の大潮差を示したものである（佐藤・田北 2000）．大潮差とは，大潮時の潮差（満潮時干潮時の水面の高さの差）の平均値である．東アジアで最大の大潮差は韓国インチョンの約8m，中国チンタオで約4m，そして有明海奥部で5mになる．この分布図はムツゴロウをとる漁具である潟スキーの存在とも重なる．すなわち，韓国西海岸で約8mの干満差があることがわかるように，図2は，東アジアのなかでの大潮差の違いを意識させる教材にもなる．

図2の九州に目を向けると，有明海住江が5mの潮差があるが，湾口の三角では差が縮んでいる．さらに瀬戸内海でも尾道，広島，松山などで潮差

が3m以上あるが，大阪・姫路では1m程度である．そして何よりも注目されるのは，太平洋側では1m前後の潮差があるのに対して，日本海側ではほぼどこでも1mもなく，30cm程度となっていることだろう．これら干満差に地域的な違いがみられることは，意外と知られていないのである．こうした数値は，日本海側と太平洋側の沿岸文化

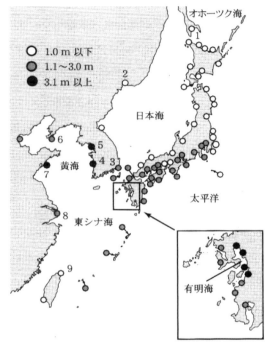

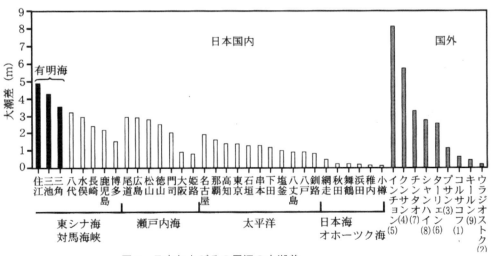

図2 日本およびその周辺の大潮差

大潮差とは，大潮時の潮位（満潮干潮時の水面の高さの差）の平均値．右上図はグラブの地点を示す．理科年表（2000年）より佐藤・田北が作成（佐藤・田北 2000：20）．

干満差の景観

写真1　満潮時の景観　　　　　写真2　干潮時の景観
熊本県宇土市網津（住吉）の海床路．遠景に雲仙普賢岳もみえている．2007年10月撮影．

との間の違いを考えさせるための有効な教材にもなるのではないだろうか．

　たとえば古くから行われてきた塩作りでは，入浜式が瀬戸内海などの干満差の大きい地域に集中し，揚げ浜式は能登半島など日本海側を中心とした干満差の小さい地域にみられる．また，日本海側の各地では丹後半島の伊根に残るような舟屋が数多く展開していたが，これも干満差との関係もうかがえる．干満差をめぐる日本海，太平洋，瀬戸内海，さらには世界的な違いについて調べ，比較することも地理教育として有効である．

　こうした潮差とかかわる生活文化は，営む側からすればごく当たり前のこと（これをイーミック（内的）という）であって，その意味を自覚することはないだろう．そこに，他所の事例を知っている観察者が訪れ意味を見出すこと（これをエティック（外的）という）で，文化的な資源としての様々な有効性が浮かび上がるのではないだろうか．

2．季節性の違い：沖縄本島北部の魚干場

　写真3は，1999年秋の沖縄本島最北端に位置する沖縄県国頭郡国頭村宜名真(ぎなま)地区のシイラ天日干しの景観である（橋村2003, 2009）．毎年10月〜12月のみに，当地の前海においてほぼ通年で集落の前海に回遊するシイラをシイラ漬漁法で漁獲し，三枚におろし，塩をふり，天日に干し加工している．漁獲から加工販売まで漁家によって行われていた．この景観は沖縄に冬を告げる風物詩で，地元新聞やテレビ局が毎年報道している．

　沖縄ではほぼ通年でシイラは回遊するが，なぜこの3カ月しか漁獲しないのか．住人が言うには，北風（ミーニシの風）が吹くこの3カ月のみしかシイラを干せないからである．亜熱帯の沖縄では魚の干物文化が多いとはいえない．干物は北風にのってやってくる魚を北風で干すという季節の産物なのである．

　さて，シイラの干場は，国頭村内で宜名真以外

景観と季節性

【沖縄県宜名真】

国頭郡国頭村
宜名真地区

↑写真3　シイラの天日干し（1999年11月撮影）
宜名真地区の前海には通年でシイラが回遊するが，10〜12月のみにシイラを獲り，三枚におろし塩をふり，天日干しする．北風（ミーニシの風）が吹くこの3カ月しか，シイラの天日干しはできないからである．

↓写真4　シイラ加工場（2000年10月撮影）
2000年に完成した．屋上はシイラの天日干しのためのスペースだが，誰も干していない．その理由は？（本文参照）．

↓写真5　シイラ漁開始時の儀礼「いしのうがん」（1999年10月撮影）
二十四節気の寒露の頃に開催される伝統儀礼．儀礼の写真から季節を読み解くこともできる．

失われた景観

【鹿児島県下甑島】

薩摩川内市下甑島
瀬々野浦地区

写真6　シイラの加工　　　　　写真7　シイラの燻製
1999年9月撮影．何気ない日常に思えるが，12年後には失われた景観となっていた．

にあるかというと，漁協本部所在地の辺土名(へんとな)にもあるが，明らかに宜名真の干物とは味が違うという．宜名真という場所でないとこの味は維持できないとされている．また宜名真のなかでも干場にこだわりがあり，2000（平成12）年に完成した加工施設の屋上に干場ができたが，あまり使用されていない（写真4）．女性たちは昔からの干し場にこだわっていた．基本的には，雨が一番の天敵であるので，家の近くで風の具合のいい場所が望ましいようである．家族が多い十数年前まではいろいろな場所で干していた．現在は，高齢化と過疎化，さらにシイラの漁獲がこの約15年の間に大幅に減少したので，写真2のようなたくさんのシイラを干した干場をみることができなくなっている．筆者が初めて宜名真を訪れた1999年や2000年ごろは，漁船が一日5回程度は漁場と宜名真港を行き来し，水揚げされたたくさんのシイラを女性たちがさばいていた．こうしたごく当たり前の風景もみられなくなっている．

宜名真のシイラ干物は約300年の歴史があると言われ，地区の各班ではシイラ漁業開始時の寒露の頃に，漁の安全と大漁祈願を目的にした伝統的な儀礼「いしのうがん」が行われている（写真5）．当地ではシイラの干物のことを「フーヌイユ」と呼んでいる．「フー」とは運がいいという意味があるそうで，運よく釣れた魚というニュアンスもあるようだ．シイラは，生だと1kgで100円にもならないが，「フーヌイユ」にすると値が50倍に上がる．顧客による注文が多いため，一般販売されることはなかった．しかし，2014年から始まった地域おこしのイベントである「フーヌイユ祭り」で一般販売が始まり，さらに2015年からは宜名真の漁師たちからシイラを漁協支部がすべて買い取り，共同で加工を行う仕組みがつくられた．

季節性をもった景観そのものが消えてしまった例もある．鹿児島県甑島列島の下甑島瀬々野浦(せせのうら)地区で1999年9月に筆者が撮影したシイラの水揚げ後の塩漬け加工でにぎわう風景（写真6）と，各家でつくっていたシイラの燻製である（写真7）．当時，地元ではごく当たり前の景観だったのであろうが，観察者である筆者にとってはかなりインパクトがあったので，撮影したのである．

この塩漬加工のシイラは，熊本や北九州方面に出荷されていたものであったが，その後シイラを捕る漁師がいなくなり，商売用の加工も行われなくなった．

筆者は2011年に瀬々野浦を再訪し，写真に写っている女性にお話をうかがったが，写真をご覧になって「シイラ加工をそういえばやっていたねえ」と思い出されたものの，よく覚えていないようすであった．シイラの加工をやっていたこと自体をも地元の人は忘れてしまっているのである．こうした日常の景観を思いだしてもらう資料としても，景観写真はかなりの有効性を持つといえよう．古写真をみてもらいながら当時の日常生活を回想してもらうことも急務であろう．

3．雨季と乾季の違い：メコン河流域

写真8は2006年8月にラオス南部のパクセー空港上空から撮影したパクセー市街地である．写真上端の大きな河川はメコン河である．写真下部の水田や畑の箇所は水浸しになっていることもわかる．東南アジアの熱帯モンスーン地帯の低地では，雨季と乾季における水位差が約16mに達するところもあり，カンボジアのトンレサップ湖は雨季と乾季で湖の面積が大きく変化することでも知られている（秋道ほか 2008）．

筆者は2005年から2007年にかけて雨季の8月と乾季の3月，雨季から乾季への変わり目の11～12月に数回にわたってラオスのメコン河流域を調査する機会を得た．首都ビエンチャン周辺と南部パクセーからチャンパサック県のメコン河最大の瀑布であるコーンの滝は季節の違いを意識しながら複数回訪れた．写真9,10はコーンの滝である．写真9（上）は雨季の8月に，写真10（下）は雨季から乾季への変わり目の11月に，同じ場所か

写真8 ラオス・パクセ上空からみたメコン本流に注ぐ支流のセドン（2006年8月撮影）　撮影時は雨季．

ら撮影した景観写真である．これをみると水量の違いが一目瞭然である．

メコン河は，本流（ナムコーン）と支流（セコーン）にわかれている．魚はその本流支流から水路に入り，そして水田へとのぼっていく．写真10は，2006年8月のラオス南部パクセー周辺の水田での投網風景と家屋である．水浸しの水田に入っている人がいるが，彼らはその水田の所有者ではない．地区の関係者または知り合いということで，水田に入って投網をしていた．オープンアクセスとも言えないわけではないが，日本の水田のイメージとは異なる姿である．家屋というか小屋は高床で2階建てのようにみえるが，ラオスなどの東南アジア平野部の家屋の多くはこの構造で，雨季に対応している．

図3は，メコン河の漁撈・魚類の動きの季節性を示した図である．雨季になると魚は多いが水量が多いため魚が散乱し漁獲効率が悪い．乾季は水量が少ないので漁獲効率はいいが魚が少ない．小規模漁撈に最も適している時季は，雨季と乾季の変わり目であるという．その変わり目には魚が動くので，水路や水田での漁撈風景をみることができる（写真11，12）．

写真13は水路にある枯れ枝の塊であるが，一

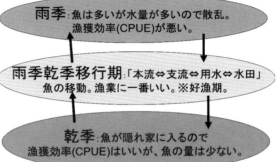

図3　雨季と乾季で変化する漁撈

雨季と乾季

メコン河のコーン滝　↑写真9　雨季（2006年8月撮影）
↓写真10　雨季から乾季への変わり目（2005年11月撮影）

↑写真11　水田で行っている投網（2006年8月撮影）
左上や右奥は家屋．ラオス，パクセー周辺．

←写真12　引き網（2006年8月撮影）

さまざまな 漁撈景観

→写真13　岸辺の枯れ枝（2007年3月撮影）
何を撮影したものか？　この景観から何が
わかるか？（本文および写真14参照）

見してこれが何なのかわかる人は少ないのではないだろうか．これは魚の集魚装置である柴漬けである（橋村 2008）．写真 14 は柴漬けでの漁撈の様子を示している．これらはかつて日本各地でも行われていたが，現在では一部の地域を除いてみられなくなっている．

写真 15 はラオスのビエンチャン周辺の水田景観である．この写真と日本の水田との違いに気づくのではないだろうか？　水田の周囲に木がある．つまり林のなかに水田がある．この林は産米林ともいい，木の葉は水田に落ちて肥料になるし，林の陰に魚も寄ってくる機能を持つとされる．

4. 共通する文化景観

写真 16 はメコン流域の小型の四手網である．この網は漁獲効率のいい漁ではないが，女性や高齢者がのんびりと行っている．この四手網は日本や中国，さらには南アジアのインドをはじめとして各地に存在している．写真 17 は先述した日本の有明海の鹿島新地干潟にある四手網で，最近では隣接する道の駅を訪れた観光客が体験漁業で利用することが多い．写真 18 は山口県萩市中心部の阿武川の 3 月ごろのシラウオ漁の四手網で，シーズンにはたくさんの網が出ている．写真 19 はインド南部のケーララ州コチのチャイニーズフィッシングネットである．この網は約 150 年前にマカオから伝えられたとされ，元々は近所の住人のおかずを供給する役割を担っていたが，現在では外国人や国内観光客向けの観光ショーのような側面が大きくなり，非公式な形で見学料などを一部の網の漁師が徴収し観光収入源となっている．

本章で取り上げたモンスーンアジアの海辺水辺の景観写真は，アジアのなかでの海辺・水辺の生活や営みに共通性があることも示している．また，季節の変化や時間の変化に応じて同じ場所でもその暮らしや営みに違いがあることが景観写真を比較することで示すことができる．

「イーミック」と「エティック」の視点を途中で述べたが，やはり生活者にとってごく当たり前のことは一度なくなると忘れ去られるのも速い．外部の観察者がそこに意味づけすることで，失われた慣行に関する文化史的な意義も浮かび上がるのである．その記録媒体として景観写真はとても有効である．撮影目的の違う写真でも，別の人がみると，それとは異なる意味がみえてくる．古い景観写真からその地域の歴史を読み解くこともできる．

筆者は，大学の実習授業で学生にある地域の古写真を持たせて，その地域のお年寄りたちに見ていただき，回想してもらったことがある．普段あまりしゃべらないお年寄りも目を輝かせて語り，認知症の兆候のある方も昔のことを鮮明に語っていたのが印象的であった．その経験から，現に残されている景観写真をいろいろな観点から活用することができるのではと感じている．そのことに関しては，近年，民俗調査と回想法が注目されているが（鈴木・萩原・須藤 2014），地理学の側からも景観写真や古地図などを活用した回想法的な調査も有効であろう．

（橋村 修）

文献

秋道智彌・池口明子・後藤 明・橋村 修 2008．メコン河集水域の漁撈と季節変動．『モンスーンアジアの生態史 1』弘文堂：163-181．

佐藤正典・田北 徹 2000．有明海の生物相と環境，『有明海の生きものたち―干潟・河口域の生物多様性』海游舎：10-35．

鈴木正典・萩原裕子・須藤 功 2014．『昭和の暮らしで写真回想法（1～3）』農文協．

野本寛一 1989．『軒端の民俗学』白水社．

橋村 修 2003．亜熱帯性回遊魚シイラの利用をめぐる地域性と時代性．国立民族学博物館調査報告 46：199-223．

橋村 修 2008．メコンの柴漬漁．『人と魚の自然誌』世界思想社：69-86．

橋村 修 2009．南西諸島における回遊魚の民俗．南方文化 36．：127-143．

橋村 修 2011．日本列島における「旬」をめぐる環境民俗―地魚・回游魚・地元民―．文化人類学研究 12：34-51．

宇土市 2009．『新宇土市史　通史編　第 3 巻　近代・現代・年表』：688-694．

Column 12
歴史を景観写真でたどる
：絵図と現代の景観の対比

　長崎県五島列島は日本有数の定置網が盛んな地域である．この漁法は，漁網を一定期間水中に設置し，沿岸を回遊する魚を袋状の網のなかに誘い込んで捕獲するもので，古くから日本の沿岸で行われてきた．福江島の五島市岐宿町や三井楽町には当地を根拠地に江戸期から定置網経営を行ってきた漁業に関する歴史遺産が残っている．

　福江島北部，岐宿町の海岸には，漁場開発を進めた西村家を顕彰した石碑が置かれている（写真1）．そしてここには，魚見櫓などがあった団助山が描かれている（写真2）．魚見櫓とは，魚群が来たらすぐに納屋に伝えて赤瀬の網に出漁させるためのものであった．西村家は他国漁業者で，江戸期に岐宿に移住し，三井楽の赤瀬網代などこの周辺の海域の網を経営し，藩に取り立てられ重臣となり，ブリ漁が盛んになった明治期にはブリ大尽とも呼ばれ栄華をきわめた．岐宿には立派な石垣の塀の西村家屋敷跡があり，団助山を望む丘の上に西村家代々の墓が残されている．

　当時，定置網がどのように行われていたかは，「漁場絵図」と呼ばれる地図からうかがい知ることもできる．西村家が開発した赤瀬網代についても，明治16（1883）年の水産博覧会に出品予定で前年に提出された長崎県五島福江島三井楽の赤瀬大敷網（定置網）の絵図が残っている（図1）．

　現在は，発動機付きの船で10人以上の共同作業による漁が行われている．沿岸生態系を維持する漁法としても見直されており，伝統の継承が望まれている．

　このように，地域に残る絵図を現代の景観と対応させることで，景観写真に歴史遺産としての価値をもたせることもできる．

（橋村 修）

写真1　西村家顕彰碑と団助山
（2018年1月撮影）

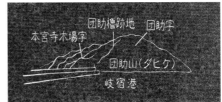

↑写真2　顕彰碑に描かれた団助山
団助山には魚見櫓があった．福江島岐宿には，江戸期から明治期にかけての漁業に関する歴史遺産が残っている．

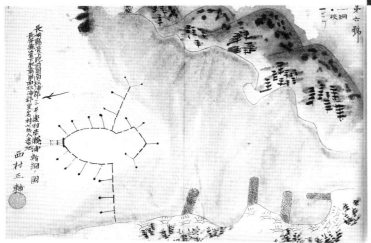

図1　赤瀬浦鮪網ノ図
明治15（1882）年，五島列島福江島三井楽の赤瀬付近．西村家による定置網を描いた漁業絵図．画面上部左端3つの山並みの中間に印があり，それが団助山の魚見櫓ではないかと推測される．

さまざまな漁撈景観

↑写真14　柴漬け漁業（2007年3月撮影）
ラオス，ビエンチャンにて．本文参照．

←写真15　乾季の水田にみる漁撈景観（2005年11月撮影）
ラオスにて．この写真のどこが漁撈景観なのか？（本文参照）．

写真16　メコンの小型四手網　（2007年3月撮影）
ラオス，ビエンチャンにて．タモロコ，フナ，ドジョウ，ナマズに似た小魚をとる．

←写真17　有明海鹿島新地（佐賀県）の「棚じぶ」と呼ばれる四手網（2009年1月撮影）
エツ．ボラ，ムツゴロウなど多くの種類の魚が，満潮時にとれる．

モンスーンアジア
各地で共通する
文化景観
四手網

→写真18　萩市阿武川（山口県）のシラウオ漁の四手網　（2013年3月撮影）
3月にシラウオ漁が行われる．

写真19　インド南部ケーララ州コチのチャイニーズフィッシングネット (2017年9月撮影)
満潮時を中心に，ボラやイワシなどの小魚が入る．

第8章 ドイツの景観写真で読み解くヨーロッパ
―外国人の景観に目をむけよう―

　EUによる地域統合が進むヨーロッパでは，各地で人やモノの移動が活発になっている．その結果，国籍の異なる人々が就業や修学，買い物や観光を目的にして自由に行きかうのが，今のヨーロッパである．実際，多くの人々が流入するEUでは，ダイナミックな変化が各地で生じている（加賀美 2011；加賀美ほか 2014）．

　実際，現代のヨーロッパは多様な文化や価値観をもつ人々が同居する地域になっている．たとえばドイツでは，ドイツ語以外を母語とする外国人が多く住み，今や移民由来の人口が総人口の20％以上を占めるに至っている．これだけでも，外国人を抜きにしてヨーロッパを理解することが，もはや難しいことは容易に察しがつく．

　それゆえに，現在のヨーロッパの実情を理解するためには，ヨーロッパの自然環境と，それに対応して歴史的に培われてきた産業や文化など従来から解説されてきた側面だけでなく，増加の一途をたどる移民や難民などヨーロッパ以外の地域から流入する外国人の文化や社会にも目を向ける必要がある．

　そこでここでは，ドイツを事例にして，①固有の文化とその地域的多様性，②EUにおける人の移動の自由化，③それに伴う多様な文化の共存，という三つのポイントにしぼり，それぞれについての景観写真を用いた組写真を構築して解説する．これにより，ヨーロッパを理解するための景観写真の活用方法を提示する．

1．ドイツ固有の地域的景観

　まず，ドイツの伝統的な文化をドイツに独特の景観を拾い出しながら俯瞰し，ドイツの歴史や文化を踏まえたドイツ理解を進める．ここでは特に，建築物，産業，伝統料理の景観写真を用いて，ドイツを解説してみよう．

【建築物】ドイツの建築物で最も著名なものの一つに，首都ベルリンのブランデンブルク門がある（写真1）．もともと旧市街地を取り巻いていた市壁に設置された門であり，郊外の町ブランデンブルクに至る道が通じていることからその名がつけられた．

　この門が注目されるのは，ベルリンの象徴であるばかりでなく，ドイツの歴史と深く関わるドイツのシンボルとして理解されているからである．それは，この門がナチスドイツの盛大なパレードや，ソ連軍によるベルリン陥落，戦後の東西分断，そしてドイツ再統一というドイツの激動の近現代史の舞台となり，そのシーンがテレビや書籍などマスメディアによって繰り返し報道・紹介されてきたからである．また，ドイツやヨーロッパを理解するための教材にもなっている．

　なお，ミュンヘン（写真2）やケルンなどの都市景観やノイシュヴァンシュタイン城などもドイツを代表するランドマークとみなされており，建築物がドイツの地域的理解の重要な手がかりであることは明らかである．

【産業】ドイツの産業もこの国の理解に有効である．19世紀半ば以降，急速な工業化を遂げ，ヨーロッパ屈指の工業国となったドイツは，高い品質の工業製品によって理解されている．実際，自動車などの交通・輸送機関や電化製品，化学製品などドイツを代表する工業製品はきわめて多い．

　鉄道も同様である．ドイツは1840年代以降，急速に鉄道網を広げ，19世紀末にはヨーロッパで鉄道が最も発達した国となった．第二次世界大戦後のモータリゼーション浸透とともに，鉄道の

役割は以前ほどではなくなったが，それでもドイツの鉄道営業キロ数は33.4千km（2013年）に及び，ヨーロッパのトップを走っている．

今日，ドイツの鉄道は長距離の移動手段として高速化が進められている．高速鉄道ICE（Intercity-Express）は，ドイツの鉄道の看板であり（写真3）．今や国内各地だけでなく，近隣諸国に鉄道網を広げ，自動車や航空機と激しい競争を繰り広げている．ICEはドイツの先進性を示す優れた工業製品であり，その技術は世界的にも認められ，フランスのTGVや日本の新幹線などと激しい市場競争を展開している．

【伝統文化】歴史的に培われてきた伝統文化もドイツの理解に欠かせない．なかでも伝統的な衣装や食文化がよく知られている．ソーセージとビールは，おそらくドイツを想起させる最も著名な食文化であろう（写真4）．いずれも中世の三圃式農業にさかのぼる伝統であり，豚の飼育と大麦の栽培を背景にして発達して，ドイツの人々の暮らしに深く定着してきたものである．

もっとも，豚の飼育はかつて落葉広葉樹の森林内における放牧によってなされたので，そうした森林が分布するドイツ中部から南部にかけての地域でソーセージは発達した．フランクフルトのフランクフルター，ニュルンベルクのニュルンベルガー，ミュンヘンの白ソーセージなど，ドイツ中部から南部方面にある都市の名を冠したソーセージが多いのはそのためである．いずれもドイツの肉の取引市場が立った町である．

このように，ドイツはよく知られたランドマークや産業，伝統文化があり，これがドイツを理解することと深く結びついている．しかし，このことが逆に，これら特定の事象でドイツ理解を完了させてしまい，きわめて単純な紋切型の理解に終始させる恐れがあることも指摘しておきたい．

2．ドイツ国内の地域的多様性

そこで次に，ドイツ理解がステレオタイプでとらえられないよう，ドイツ国内の地域的多様性に目を向け，多彩な文化についての理解を深めることにしよう．

ドイツの国土は日本よりやや小さい約35.7万km^{2}で，北緯48度から55度付近に広がっている．日本に比べるとコンパクトな形状だが，国内にはかなりの地域的多様性がみられる．かつてドイツには統一国家がなく，領邦国家が群立していたこと，現在のドイツが多大な自治権をもつ16の州からなる連邦国家であることも，地域的多様性と無関係ではない．

ドイツ国内の地域的多様性としてよく知られるのが，南北間の地域差である．北ドイツ平原が広がる北部と，中位山地からアルプスに至る南部という地形の違いをはじめ，プロテスタントが優勢な北ドイツとカトリックが多い南ドイツといった具合に，自然や文化の違いが明瞭である．また，同じドイツ人でも北と南でメンタリティが異なるといわれ，互いに相対視する傾向が今もみられる．

こうした地域差は，景観からもよく理解できる．たとえば住宅の形態がドイツ国内の地域差をよく示している．ドイツ北部では，住宅の多くはレンガでつくられている（写真5）．それは北部では砂地が多く森林が少ないことから，建築材としてレンガに頼る伝統が生み出されたからだという．北ドイツに限らず，バルト海沿岸から北海沿岸地方では，いずれも同じような自然条件であるためにレンガを用いた建物が多い．北はノルウェーのベルゲンやラトビアのリガ，西はロンドンやベルギーのブリュージュなど広域にわたって，今もレンガ建築が都市の景観を特徴づけている．

この伝統は，写真6のように近年新たに分譲された新築住宅にも生きている．多様な建築材が入手できる現在においても，なお地域の伝統的建築材であるレンガを用いた住宅が建設されているのは，地域固有の建築様式への関心が脈々と生きているからであろう．

一方，ドイツ中部から南部にかけての住宅は，

↑写真1　ベルリンでランドマークでもあるブランデンブルク門（2012年9月撮影）

←写真2　ミュンヘンのランドマークである市庁舎（2011年8月撮影）

ドイツ固有の景観

写真3　ミュンヘン駅で発車を待つICE
（2011年8月撮影）

写真4　ミュンヘンのソーセージとビール
（2015年9月撮影）

写真5 ハンブルクの著名なレンガ建築「チリハウス」（2005年1月撮影）

写真6 北ドイツ・リューベック近郊のレンガ造り住宅（1992年7月撮影）

↑写真7 南ドイツの町ウーラッハの木骨づくり（1983年8月撮影）

→写真8 中部ドイツの町フロイデンベルクの木骨づくり（1984年11月撮影）

一般に木骨づくりになる（写真7）．これは，ブナなどの落葉広葉樹による木造建築であり，木組の間は漆喰で固められている．建築材を得るための森林が広がっている地域では，一様にこの形式がみられ，その分布は，東はポーランド南部，西はフランス東北部にまで及んでいる．南西ドイツでは，古生層の赤色砂岩を用いた屋根瓦が張られ，全体に赤色になっている．黒く塗った柱と白の漆喰，赤い屋根の組み合わせは童話の世界さながらのロマンチックな風情を醸し出しており，多くの観光客を集めている．

同じ木骨づくりでも，ライン川流域には屋根が黒い住宅が目立っている（写真8）．これは一帯が粘板岩（スレート）の分布する地域であり，それを屋根瓦として使用しているからである．ケルンやボンでも教会や多くの建築物の屋根にスレートが用いられ，全体的に黒っぽい景観になっている．切妻の住宅が同じ方向に並ぶことによって，全体の景観の調和が保たれている．このような景観の維持には住民の公共意識が大きな支えになっているという．伝統的な建築様式への愛着が地域固有の景観を支えている例とみることができる．

以上のように，ドイツ国内には自然環境や歴史と結びついた景観があり，それは住民の地元意識によって支えられている．そうした景観の多様性が維持されているところにドイツの特性をみることができる．

3. 自由化した人の移動の景観

以上にみたドイツ固有の文化に対して，現在ではドイツには多くの人々が流入し，ドイツ以外の文化がみられるようになった．そうした変化を理解するために，まずは国境の変化を確認することから始めよう．

ドイツの国境は，1990年のドイツ再統一，1993年のEU発足によって大きく変わった．かつて東西冷戦時代のドイツでは，国境は地域を分断する障壁であり，ベルリンの壁や東西ドイツ国境，鉄のカーテンなどのように，国境を越えるのも命がけであった．しかし，冷戦体制が終わり，国境を越えた人の自由通行を実現させるシェンゲン協定が実施されたことによって，今やEUでは通勤や通学，買い物や観光など国境を越えた生活行動はごくありふれた日常のこととなった．

国境の景観は，隣接する国との関係の変化をよく反映している．写真9は，フランス東端の町ストラスブールからライン川の向こう側のドイツへと渡る歩道橋である．対岸のドイツを結ぶ橋は歩行者専用で，買い物や散歩を楽しむ両国民の憩いの場になっている．両大戦で戦場だった過去を克服した両国の和解の象徴として，橋は国境を挟む地域どうしを結びつける役割を果たしている．

チェコとの国境の様子も冷戦体制崩壊以降，激変した．冷戦時代にはこの国境は，鉄のカーテンとして容易に近寄れなかった．写真10は冷戦当時の西ドイツから国境を見たもので，国境（Landesgrenze）の立て札近く，等間隔に置かれた石杭の右側の斜面が国境線である．自由に越えられそうな国境に見えるが，その先，チェコ側には数kmにわたって無人地帯が設けられ，徹底した警備がなされていた．

2004年にチェコがEUに加盟し，2009年にシェンゲン協定が実施されると，この国境は人やモノの往来が自由になされる場所になった．写真11は最近のドイツ・チェコ国境の様子である．チェコ側に多くの商店が並び，安価な商品を求めてドイツ側から買い物客が国境を越えて訪れている．写真中央の黄色の標識が国境線で，その向こう側がドイツになる．撮影日がドイツ統一記念日（10月3日）で祝日だったことから，買い物に訪れたドイツ人でにぎわっていた．写真にはチェコに向かうドイツナンバーの車が見える一方，チェコ側の商店の多くは，意外なことにベトナム人が経営している．チェコには社会主義時代に留学や研修などの目的で多くのベトナム人が流入しており，国境付近にはドイツ人が持ち込むユーロを求

めて多くの店が出ている．

また写真12は，ドイツ東端の町フランクフルト・アンデアオーダーにて，ポーランドとの国境を流れるオーデル川に架かる橋である．ここでも2009年以来，自由通行が実現されている．第二次世界大戦まで川の両側がドイツ領であったのが，大戦後，この川がドイツとポーランドの新たな国境線（オーデル・ナイセ線）となり，川の東側に暮してきたドイツ人のほとんどが国外に追放された．戦後も西ドイツはしばらくこの新しい国境を認めず，追放民の財産返還の要求も続いた．それがドイツ再統一とともに両国間の国境としてようやく確定され，今やEU域内における自由通行の場となった．連日，通勤や買い物のため，橋の上は多くの人と車が行き交っている．

ドイツは9カ国と国境を接しており，すべてで人の移動が自由化されている．しかもEUにおける経済水準が最も高い国であることから，多くの人々が就業目的で流入している．また，近年はEU域外からの移民や難民も増加しており，治安や社会不安など新しい問題も生じている．そこで次に，多くの外国人が住むドイツの事情に目を向けてみよう．

4．多文化社会ドイツの景観

ドイツの総人口は約8,210万人．そのうち外国人やドイツ国籍をもつ移民の数は，2008年時点で合わせて約1,560万人，総人口の約19％にのぼる．うち，外国籍をもつ居住者は730万人で，総人口の約8.9％に相当する．また，1950年以降にドイツ国籍を取得した移民とその家族は約830万人になる．この点で，ドイツは多文化社会ということができる．以下，外国人に関する景観をみながら，多文化社会について考えてみよう．

ドイツは，外国から多くの人を受け入れており，多様な出身地の人々が居住している．そもそも多くの外国人が流入するようになったのは，1950年代に始まった外国人労働者の募集にさかのぼる．戦後の急激な経済成長で不足した労働力を補う政策が，国内に外国人を増やす結果となった．オイルショックによって1973年に募集が停止された後も，家族の呼び寄せなどで外国人の数は増え続けた．さらにドイツ統一後の国籍法の改正，就労ビザ規制の緩和策などによって，流入する外国人は一気に増加した．近年では難民の受け入れを積極的に進めており，移民・難民の数はさらに増加する傾向にある．

その結果，ドイツ国内にはドイツ固有の文化や社会とは無縁の集団が数多く住むようになった．こうした事情について，ここでは宗教の景観と食文化の景観から確認してみよう．

写真13は，ドイツ国内最大の移民集団であるトルコ人と関連するイスラームのモスクである．ドイツには各地にモスクがあり，信仰の場として機能している．なかでもベルリンには国内で最も多くのムスリムが住み，特にトルコ人の集住が著しいクロイツベルク区は，リトル・イスタンブールの異名をもつ．

トルコ人のドイツへの流入は，1962年に西ドイツとトルコ政府間で交わされた就労ビザに関する二国間協定に端を発する．以来，多くのトルコ人労働者が，いわゆるガストアルバイターとして，西ドイツ経済を支えてきた．彼らの多くは，製鉄業が盛んなルール地方やハイテク産業が集積したミュンヘンなどの都市部に集中した．そうしたなかで当時の西ベルリンは東ドイツ領内に位置し，しかも壁で囲まれた陸の孤島であり，ドイツ国民にとって魅力に乏しい都市であった．西ドイツ政府は西ベルリンを維持するために多大な経済的支援を行ったことから，職場を求めるトルコ人にとっては一定の魅力ある場所であった．オイルショックによる経済不況に見舞われた1970年代には，特にルール地方から多くのトルコ人が西ベルリンに向かっている．彼らが集住したクロイツベルク区は東ベルリンに隣接し，古い建物が多く残ってきたことから，一般市民にとって魅力に欠けた住

↑写真9　ライン川を隔ててドイツ（対岸）とフランス（手前）を結ぶ歩道橋（2011年9月撮影）

↗写真10　バイエルン東部の閉鎖されていたドイツ・チェコ国境（1984年4月撮影）

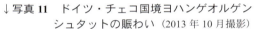

自由化した人の移動の景観

→写真12　オーデル川を隔てて対岸のポーランドと結ぶ橋（2010年9月撮影）

↓写真11　ドイツ・チェコ国境ヨハンゲオルゲンシュタットの賑わい（2013年10月撮影）

→写真13 ベルリン市内
　　　　最大のモスク
　　　（2009年1月撮影）

↖写真14　デュッセルドルフのインマーマン通りに
　　　　 並ぶ日系商店　（2011年9月撮影）
↑写真15　インマーマン通りに進出した中国系商店
　　　（2011年9月撮影）
←写真16　韓国人が経営する日本料理店
　　　（2011年9月撮影）

多文化社会ドイツの景観

宅地であった．これがトルコ人集住地区になる背景になっていた．

現在，ベルリンには約2.5万人のムスリムが暮らしているといわれ，市内には73ものモスクがある．写真のモスクは旧市街地の南，旧テンペルホーフ飛行場に隣接した場所に，1999年に開館した．巨大なドームとその両脇に2本のミナレットが立つオスマン様式の建物として異彩を放っている．金曜の礼拝には市内各地から多くの信者が訪れている．

トルコ人を筆頭にして，ドイツには世界各地からの外国人が暮らしている．写真14は，ドイツ国内で最も多くの日本人が住むデュッセルドルフの日系商店である．デュッセルドルフは国内で最も多くの日本人が住む都市であり，2015年現在，5,460人を数える．多くは日本企業の駐在員であり，永住目的の人々は少ない．1970年代以降，駐在員の数は増加してきたが，近年は日本経済の伸び悩みもあって減少傾向にある．しかし，彼らの多くがドイツ滞在を目的としておらず，また家族で滞在するケースが多いことから，ドイツ語をはじめ，ドイツ文化に不慣れな傾向がみられる．そのため，市内には互助組織である日本人会や日本人学校があり，多くの日本食関連の店舗が営業している．特に日本領事館が立地するインマーマン通りには日系の商店が並び，さながら日本人街の様相を呈している．また，デュッセルドルフ日本商工会議所などが中心となって日本デーと呼ばれる祭りが毎年5月に開催され，市民との交流を深めている．2017年に16回を数え，最近はコスプレや漫画などのサブカルチャーが人気で，ヨーロッパ各地から多くの訪問客を集めている．

なお最近は，日系商店が並ぶ一角に韓国系や中国系の商店が目立つようになってきた（写真15）．また，韓国人が経営する日本料理屋も現れている（写真16）．その多くは料理店や食材店，土産物店といったドイツ人など幅広い客層を相手にした商売をひろげている．最近は「慶典」と呼ばれる中国祭を毎年9月に開いており，中国文化をアピールしている．日本デーと時期をずらし，日本デー開催のノウハウを共有するなど外国人どうしの連携もみられる．

このように今日のドイツでは，異なる文化をもつ多くの外国人が都市に住むようになり，そこに彼らの生活に欠かせない宗教施設や商店もみられる．そして，少なからず一般市民も彼らの存在に関心を寄せ，両者の間に一定の交流もみられる．しかし，その一方で，増加する外国人に対して抵抗感をもつ人々が少なくない事実もあげなければならない．ドイツ社会は今，この両方のモメントが微妙なバランスをもって保たれている状況であるといえよう．

以上，景観写真を用いてドイツの特徴を描いてみた．建築物や産業，伝統文化によってとらえられてきたドイツの個性には，国内にかなりの明確な多様性があり，特定の景観に限定せず，幅広い材料を用いた理解が必要であることを示している．そしてこれに加えて，外国人の流入によってドイツ国内にはこれまでにない新しい景観が現れている．こうした多文化共生を迫られているドイツを理解するうえでも，景観は有効だといえよう．

ドイツの組写真は，固有の文化を持ち続けるEU諸国に多くの外国人が流入するEUを理解することに応用できる．EU各国ごと，あるいは複数の国にまたがってこうした組写真を構築することにより，ヨーロッパ理解のための教材の開発が可能になると考える．

（加賀美雅弘）

文献
加賀美雅弘編 2011．『EU（世界地誌シリーズ3）』朝倉書店．
加賀美雅弘・川手圭一・久邇良子 2014．『ヨーロッパ学への招待―地理・歴史・政治からみたヨーロッパ（第2版）』学文社．

Column 13
社会主義都市の変化を景観でとらえる

　景観写真を用いて外国地域を理解するには，過去から現在に至るまでの変化を踏まえると理解しやすい．地域の変化は，変わりゆく景観でとらえられる．古い写真があれば，新旧同じ場所の違いを対比することによって変化が確認できる．しかし，そうした写真が手に入らなければ，景観写真を組み合わせて変化を読み取る方法がある．具体的には，地域のさまざまな過去を示す景観を見つけ出し，これらを時間の経過に合わせて並べることによって，地域の変化のプロセスを再構築するやり方である．

　この方法を踏襲すると，たとえばかつて社会主義体制にあったヨーロッパの都市の変化を，景観写真から確認することができる．ここには古くからの市街地がある一方で，社会主義体制下でつくられた市街地があり，さらに体制の転換後は新しい変化がみられる．これらを1本の時間軸上でつなぎ合わせると，都市の変化を浮き彫りにすることができる．ここではスロヴァキアの首都ブラチスラヴァを例に見てみよう．

　ブラチスラヴァは，ヨーロッパ中央部，ドナウ川の河畔に位置し，13世紀以来，政治や経済の要衝としての歴史を歩んできた．16世紀にはハンガリーの王都となり，また18世紀にはハプスブルク帝国有数の都市へと発展した．そうした歴史的経緯は，今もなお旧市街地の景観にたどることができる．たとえば聖マルティン大聖堂をはじめとする市街地（写真1）や19世紀に建設された国立劇場（写真2）などに往時の繁栄ぶりを偲ぶことができる．

　ドイツ語のプレスブルクやハンガリー語のポジョニの名で呼ばれてきたこの町は，第一次世界大戦後にチェコスロヴァキアの都市となり，スロヴァキア語のブラチスラヴァが正式の名称になる（長與 2013）．世紀末の国民詩人フヴィエズトスラウ Hviezdoslav がスロヴァキア語の独自性を訴え，ナショナリズムは高揚した．彼の像が国家独立の象徴として町の中央に立っている（写真3）．第二次世界大戦後は社会主義国の都市となり，ドナウ川の南岸のペトルジャルカ地区に10万人規模の巨大な住宅団地を造成した（写真4）．これは当時，国民に均質な住宅環境を提供するための国家政策として推進されたものである．

　1989年に民主化に伴って社会主義体制が崩壊し，急速な市場経済化が進んだ．アメリカ資本も流入し，新旧の建物が混在する奇妙な景観が現れた（写真5）．さらに1993年にチェコと分離してチェコスロヴァキアが解体すると，ブラチスラヴァは新生スロヴァキアの首都となった．2004年にEUに加盟（写真6）した後も順調な経済成長を遂げ，2009年に共通通貨ユーロが導入されると，この町はビジネスだけでなく，多くの買物客や観光客で活気を帯びるようになった．目抜き通りのミハルスカー通りの商店や飲食店が，その賑わいをよく示している（写真7）．近隣のウィーンと並ぶヨーロッパ中央部の拠点都市としての発展が期待されている（小林ほか 2008）．

　以上のように，ブラチスラヴァの過去から現在に至るまで，それぞれの時点の景観写真を並べて組み合わせることによって，都市の変化を知り，現在の状況を理解することができる．景観写真は撮影時点の事象を示すだけでなく，変化のプロセスを描き出すのにも有効なのである．

（加賀美雅弘）

文献
小林浩二・小林月子・大関泰宏編著 2008．『激動するスロヴァキアと日本―家族・暮らし・人口』二宮書店．
長與 進 2013．ブラチスラヴァ地名考．鈴木健夫編『「越境」世界の諸相―歴史と現在』108-132．早稲田大学出版部．

写真1 聖マルティン大聖堂とブラチスラヴァ旧市街地（2014年9月撮影）

写真2 オーストリア・ハンガリー帝国時代に
建設された国立劇場
（2010年12月撮影）

写真3 スロヴァキアの国民詩人
フヴィエズトスラウの像
（2014年9月撮影）

写真4 社会主義時代に建設されたペトルジャルカ街区の大規模集合住宅団地（2010年12月撮影）

写真5 社会主義時代の建物とアメリカ企業の看板が混在する市街地（2010年12月撮影）

写真6 EUの旗をかざす行政機関（2010年12月撮影）

写真7 買い物客や観光客でにぎわう旧市街地の商店街ミハルスカー通り（2014年9月撮影）

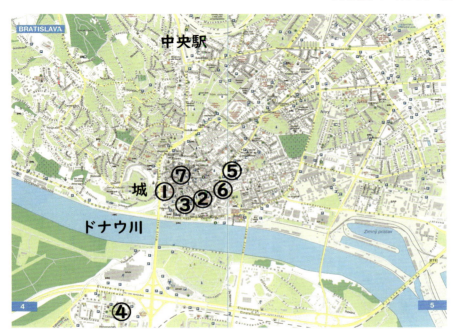

図1 ブラチスラヴァの市街地
図中の番号は，写真番号に対応する．

Column 14
景観写真を地理教育に活かそう！

【地理教育と景観写真】　一般の人が地理の魅力を感じやすいのは，魅力的な景観写真やフィールドワークではないだろうか．両者に共通しているのは「景観」を読み解くことである．年度当初に子どもたちに手渡される教科書で，子どもたちがよく「眺める」のは地理や生物，地学，美術である．いずれも写真が豊富だからである．その割に地理学習の人気が上がらなかったのは大問題といえる．せっかく子どもたちの目を惹きやすい景観写真が豊富に載せられていながら，その魅力を惹き出せていないのである．

全ページフルカラーになった今日，景観写真は，教科書編集にとって重要な位置を占めている．導入として子どもたちの目を惹くような景観写真を選定し，時にはそれを大きく載せてアピールするなどしている．教科書会社は，景観写真の選定，その掲載の仕方にかなり気を配っている．教科書に先んじて資料集が「ビジュアル」を謳い文句に，景観写真を多数掲載した．ただ，美しいが読み解くほどではない写真も少なくなかった．

私事であるが，教師になって教材としてたいへん役立ったのが，1980年代に出た『週刊朝日百科　世界の地理・日本の地理』(全121冊) である．このシリーズは人気を得，その後，日本の歴史や世界の歴史をはじめ美術品などにも広がる教養雑誌の先駆けとなった．この雑誌の編集には多くの地理学者がかかわり，授業に活用できる素晴らしい景観写真満載であった．農業や工業，都市など，内容が固い割に一般読者に買われたのは，海外旅行が手軽になったことに加えて，掲載されている景観写真の魅力が大きかったことは間違いない．毎号，見開きで大きく掲載された一枚の景観写真は迫力満点で，生徒の目も奪った．たとえばアメリカ合衆国の五大湖を航行する巨大な船舶！そのスケールの大きさにただただ圧倒される．それに加えて，「ある家族」と題した家の内外を写した見開きページは，生活がわかりやすく，好評であったようだ．

雑誌"National Geographic"が売れているのも写真の魅力である．この雑誌の景観写真には，フォトランゲージ (コラム15) に使えるものが多い．

景観写真の教材としての最大の魅力は，生徒の目を惹きやすいことと印象に残りやすいことである．地図や統計資料の読み取りよりはるかに取りかかりやすい．そして，日常よく見る身近な地域の景観に注目して，より良いまちづくりについて考えるなどすれば，今求められている地理の社会的有用性を発揮することができる．

【地理教育における本書の活用について】　本書では，第1章と第2章で景観写真の有効性と限界について述べている．とくに後者については，これまで地理教育ではあまり研究されてこなかった．固定的イメージや偏見・先入観を植えつけないようにする必要がある．

それに対しては組写真が有効である．梅村 (1998) は1980年発行のイギリスのテキストブックの導入単元「地理とは何であるか？」で示された課題を紹介している．その第一の課題は「二枚の景観写真から共通してみられるものと異なるものを探し，説明すること」とある．地理の入り口としての景観写真の有用性，組写真活用の意義が示されている．

第2章で挙げられている例のほか，第5章の秋葉原の表通りと裏通り，第7章の干潮と満潮，雨季と乾季がわかりやすい．第3章では，多様な海岸地形の景観を比較して，「同じ地形が形成されていてもよいと思われる地域に，異なる地形が形成されている」ことをとらえたうえで，その理由を追究すれば，生徒の意欲を高めやすい．また，第3章のコラムでは，異なる地域の異なるカルスト地形の景観写真の組写真で，タワーカルストの

形成・発達を理解できる．

紋切り型の理解にならないように，地域的多様性を示す景観の絵写真や新しい動きを示す景観写真が有効である．第8章で示されたドイツ国内の地域的多様性を示す組写真がその例である．民家群の景観写真は生徒に魅力的でわかりやすい．また，多文化社会を写した景観写真は，生徒のドイツに対する固定的なイメージを揺さぶる．また，第5章では川崎市の多様な地域を取り上げ，地域的多様性だけでなく，市の地域構造に迫ったストーリー性豊かな展開が提案されている．

新旧の景観の組写真について，第2章では同じ場所の変化を示しているが，それにこだわらなくてよい．たとえば第5章では川崎のアパート群とマンション群との組写真，第5章コラムでは神楽坂の料亭街の組写真，第8章では国境通過自由化前後の組写真が示されている．また，第8章のコラムでは社会主義時代の建物が残る大規模集合住宅団地と，そこに混在したアメリカ資本の商店が混在した景観を示している．後者だけでも地域変化は読み解けなくもないが，前者と組み合わせることで理解が進む．

古い景観写真の別の役割も提案された．伝統的・歴史的な内容が取り上げられている第6章と第7章では歴史的な遺産としての価値が示された．さらに，第6章のコラムでは消えゆく景観要素に保全という価値づけを行う可能性が，また，第7章ではその景観写真に写っている人々が当時のことを鮮明に語り出す効果が，それぞれ示された．これは，子どもたちが，それぞれ地域の在り方を考えること，地域調査の手法として使うことに資する．

伝統的な課題である景観写真の読み解きについては，第4章の気候がわかりやすい．気候は大気の平均状態の理解であり，目に見えない．景観写真に写し出されている植生や土壌，時には文化景観から，背景としての気候を読み解く必要がある．このように，景観写真から見出した複数の要

写真1　写真を活用した地理授業

素から関連性をとらえるようにしたい．その際はグループ学習が効果的であろう．このほか第5章や第7章で紹介されているように，古い地図や絵図等を併用すると理解が進む．

本書では，景観写真の潜在力や可能性が明示された．景観写真についての地理教育における実践研究は決して進んでいるとはいえない．本書が景観写真についての研究を促す契機となることを期待したい．

今日では，インターネットでさまざまな景観写真が簡単に入手でき，教材研究等に活用されていると思われる．ただし，地理的に価値がある景観写真は多いとはいえない．イギリスではさまざまな海外協力NGOが，協力先で撮影した写真をフォトパックとして刊行していて，授業でも活用されている．読者の皆様には，お撮りになった景観写真とその解説をぜひインターネット上に投稿していただきたい．景観写真の活用が進むであろう．

（荒井正剛）

文献

梅村松秀（1998）地理的技能としての写真読図．地理 43-8．特集：写真で考える異文化理解：31-39．

Column 15
フォトランゲージ
：写真を用いたアクティブ・ラーニング

写真1も写真2もヨーロッパの国の首都です．写真1を見て，あなたはどう思いますか？また，写真2と比べて，どんな感想をもちますか？

写真1　（2014年8月撮影）

写真2　（2013年8月撮影）

写真3はどこの国の景観でしょう？
写真3を見てどう思いますか？
また，写真3と写真4を比べて，
　どう思いますか？

↑写真3　（2014年7月撮影：休日の朝）

←写真4　（2007年8月撮影）

↑写真5　（2014年8月撮影）

←写真6　（2003年10月撮影）

写真5と写真6を見て，
それぞれどう思いますか？

【フォトランゲージの意義】　フォトランゲージ（第 1 章 p.7 参照）は開発教育で用いられてきた．今話題のアクティブ・ラーニングや参加型学習として位置づけられる．梅村（1998）によると，景観写真の参加型学習での利用では，次の効果が期待される．

- 学習者が好き・嫌い，関心，評価など自由に反応できる．
- イメージに対する学習者の態度が明確になる．
- 学習者の思いこみや偏見などを明らかにする．

写真を見るとき，私たちは見たいものを見る傾向があり，先入観に左右されるので，対象に対する学習者の姿勢・態度を問い直すというのである．一枚の写真をいろいろな観点で話し合えば，人によりとらえ方が異なることに気づき，現代社会を複眼的にとらえる力がつくであろう．

このように，フォトランゲージは事実認識ではなく価値認識に重点を置いている．地理教育では価値認識にかかわる内容への関心は決して高くはなかった．新学習指導要領は「選択・判断」する力を目標に掲げており，今後は価値認識にも目を向ける必要がある．

ところで，写真 1 ～ 6 の撮影地は意図的に示していない．場所を示すと，その場所について持つイメージによって，景観写真の読み解きに影響が出るからである．たとえば写真 3 はどこの景観だと思っただろうか？　先進工業国と思ったかもしれないが，じつはマレーシアの首都クアラルンプール郊外につくられた計画都市プトラジャヤの大通りの景観写真である．このように，フォトランゲージには先入観を問い直す働きが期待できる．

【都市の近代化と歴史的景観】　ヨーロッパの都市には美しい歴史的景観がよく保全されており，多くの人を魅了する．しかし，住民はさまざまな制約を受ける．美しさを求める部外者と地域住民の受け止め方が違うことに気づき，その保全について多面的・多角的に考察する必要がある．

写真 1 はロンドンのタワーブリッジから見た景観である．右にロンドン塔が見える．中央左の高層ビルは 1980 年，その右の高層ビルは 2004 年にそれぞれ完成した．左端には 2014 年にオープンした，奇抜なデザインの 'The Walkie-talkie' という高層ビルが異彩を放っている．ロンドンでは，近年，こうした凝ったデザインの高層建築物が林立するようになり，都市景観が大きく変容している．クレーンがいくつも見られるように，今後もその都市景観は変容していき，歴史的景観は失われつつある．以上の読み解きのために，はじめにロンドン塔周辺だけ示し，後で全体を見せるとよい．

写真 7　（2014 年 8 月撮影）

写真 7 では，中央にセントポール寺院，その右に 1666 年の大火記念塔といった歴史的に貴重な建築物が見える．それらが多数のクレーンに囲まれて，正に影が薄くなってしまった．

一方，写真 2 は「百塔のプラハ」と称される都市景観である．どちらも一国の首都であるが，プラハではロンドンとは違って高層ビルは見られず，教会の塔が目立つ．古い建物がよく残り，赤い屋根の建物が並ぶ．中央右にヴルタヴァ川にかかるカレル橋が見える．カバー裏上段のカレル橋とプラハ城を見渡す景観写真は，プラハの景観の定番であり，夜景も美しい．

カバー裏下段の工業地帯の夜景も人気があるが，その昼間の景観を見に来る人は多くはない．見たくないモノにはふたをする，あるいはトリミングしてしまう現代を反映しているともいえる．

ところで，プラハの旧市街地は石畳の曲がった道路が入り組み，自動車はスピードを出せない．

しかし，それは観光客には魅力である．観光都市に生きる住民にとっては，こうした景観の保全は理解しやすく，多少の我慢もやむなしといったところであろう．しかも，自治の歴史が長いヨーロッパでは，都市住民は自分たちの町の景観に誇りを感じ，大切にしてきた．それはポーランドの首都ワルシャワが，第二次世界大戦でナチスドイツに徹底的に破壊されてしまっても，終戦後すぐ，残っていた写真などを使って戦前の町をほぼ忠実に復元させたことからもわかる．その点では，日本の歴史的景観保全の問題とは状況が違う．

【計画的な都市景観】　写真4はインドのコルカタの景観である．写真3とは対照的に混沌としていて，印象はあまりよくないかもしれない．しかし，活気に満ちているとも言えよう．

たとえば東京の中央線沿線では駅前再開発があちらこちらで進み，それまでの駅前の細い路地に一杯飲み屋などが並ぶ景観は，おしゃれな店舗が並ぶ「整然」とした街並みに変わっている．しかし，どこも似たような景観に変わってしまい，町の個性に乏しい．こうした変容をどう受け止めるべきであろうか？

かつてニュータウンが造られた際，その整然とした街並みの景観に対して，人間味がないといった批判が出たことが思い出される．

【村落景観と観光】　過疎問題の対策として，日本でもヨーロッパでも観光が注目されている．

写真5はイギリス南西部コッツウォルズ地方のCastle Combeという村の景観写真である．日本の妻籠などと同じく，近代的な交通網から取り残されたおかげで，村の景観がむかしのまま残されている．壁の色などがそろっているのは，観光客を意識して新たに塗り直したのであろうか？日本の旧宿場町などと違って，広告は全く見られない．

写真6はオーストリア・チロル地方の村Alpbachの景観である．伝統的なつくりの家々を花で飾り，壁を塗り替えたり絵を描いたりして，観光客を「誘って」いる．こうした景観は，創られた景観とも言えないことはない．

写真8　（2015年9月撮影）

【住民の地元の景観に対する思い】　写真8は隠岐の島の島後にある旧都万村の「屋那の舟小屋」の景観写真である．この景観写真を皆さんはどう思いますか？この村の出身で都会に働きに出ている方々はどう受け止めていると思いますか？

この景観は，1995年9月24日，朝日新聞日曜版の連載「風景考」で取り上げられた．記事には「八年前，村の活性化事業で舟小屋の保存が決まった．決して観光資源の開発とかの発想ではなく，あくまで村を見直す出発点として」とある．また，「都会で働く村出身者の集まりで「都万のイメージ」が話題になったことがある．（中略）意見が一致したのは，自然そのものではなく，山と海に抱かれた舟小屋だった．」とある．このように地域を離れて初めて何気ない日常の景観の価値が見直されることもある．

一枚の景観写真から読んだこと・思ったことなどを自由に出し合うと，改めてその景観の意義を見出したり景観を見る目の偏りに気づかされたりする．そこにフォトランゲージの価値がある．

地理学や地理教育では，景観写真の読み解きに力を注いできたが，個々の人間の景観写真の読み解き・認知にもっと注目するとよいのではないか．

（荒井正剛）

文献
梅村松秀（1998）地理的技能としての写真読図．地理 43-8
　特集：写真で考える異文化理解：31-39.

分担執筆者（執筆順）

椿　真智子　　つばき まちこ　　　　　　　　　　　　　　　　　　　　第1章，コラム2執筆

東京学芸大学教授（地理学）．1962年生．筑波大学大学院博士課程単位取得．専門分野：文化・歴史地理学．主著：『地理学概論 第2版』（共編）朝倉書店，『東京学芸大学地理学会シリーズ4　世界の国々を調べる』（共編）古今書院など．

青木　久　　あおき ひさし　　　　　　　　　　　　　　　　　　　　　第3章，コラム5執筆

東京学芸大学准教授（地理学）．1971年生．筑波大学大学院博士課程修了．博士（理学）．大東文化大学准教授を経て現職．専門分野：地形学，風化侵食論．主著：『日本をまなぶ 西日本編』（分担執筆）古今書院，『地形の辞典』（分担執筆）朝倉書店など．

澤田　康徳　　さわだ やすのり　　　　　　　　　　　　　　　　　　　第4章，コラム6,7執筆

東京学芸大学准教授（地理学）．1976年生．東京学芸大学連合大学院博士後期課程修了．博士（学術）．専門分野：気候学，環境認識，地理教育．主論文：「屋上緑化活動に伴った中学生の環境に対する意識および認識の変化」季刊地理66-1，主著：『日本をまなぶ 東日本編』（分担執筆）古今書院など．

牛垣　雄矢　　うしがき ゆうや　　　　　　　　　　　　　　　　　　　第5章，コラム8,9執筆

東京学芸大学准教授（地理学）．1978年生．日本大学大学院博士後期課程修了．博士（理学）．専門分野：都市地理学，商業地域論．主論文「東京都千代田区秋葉原地区における商業集積地の形成と変容」（単著）地理学評論85-4．主著：『日本をまなぶ 東日本編』（分担執筆）古今書院など．

中村　康子　　なかむら やすこ　　　　　　　　　　　　　　　　　　　第6章，コラム10,11執筆

東京学芸大学准教授（地理学）．1968年，筑波大学大学院博士課程単位取得退学．修士（理学）．農業・農村地理学，地図・GISが専門．主著：『地理学概論 第2版』（共編）朝倉書店，『日本をまなぶ 西日本編』（分担執筆）古今書院．

橋村　修　　はしむら おさむ　　　　　　　　　　　　　　　　　　　　第7章、コラム12執筆

東京学芸大学准教授（地域研究）．1972年生．國學院大学大学院博士後期課程修了．博士（歴史学）．国立民族学博物館・総合地球環境学研究所研究員などを経て現職．専門分野：漁業史，民俗学，歴史地理学．主著：『漁場利用の社会史』人文書院，『国境を越える民俗学』（共著）三弥井書店など．

編者紹介

加賀美 雅弘　かがみ まさひろ　　　　　　　　　　　第8章，コラム1ほか執筆

東京学芸大学教授（地理学）．1957年生．筑波大学大学院博士課程単位取得退学．理学博士．専門分野：ヨーロッパ地誌，エスニック地理学．主著：『病気の地域差を読む』古今書院，『オーストリアの風景』（共著）ナカニシヤ出版，『「ジプシー」と呼ばれた人々』（編著）学文社，『世界地誌シリーズ3　EU』（編著）朝倉書店，『東京学芸大学地理学会シリーズ1　身近な地域を調べる』（共編著）古今書院など．NHK高校講座「地理」（Eテレ）を約20年担当している．

荒井 正剛　あらい まさたか　　　　　　　　　　　　第2章，コラム3ほか執筆

東京学芸大学教授（社会科教育）．1954年生．東京学芸大学大学院修士課程修了．東京学芸大学附属竹早中学校などで37年勤務後，現職．専門分野：地理教育，異文化理解教育．主論文：「中学校における「世界の諸地域」学習のあり方─地域から学ぶ地誌学習─」新地理61-1．主著：『地理教育講座（全4巻）』（分担執筆）古今書院，『東京学芸大学地理学会シリーズ4　世界の国々を調べる』（分担執筆）古今書院，中学校社会科教科書編集委員（東京書籍）を約30年務めている．

【東京学芸大学地理学会】　　小金井市貫井北町4-1-1　東京学芸大学地理学分野内

書　名	東京学芸大学地理学会シリーズⅡ　第3巻 **景観写真で読み解く地理**
コード	ISBN978-4-7722-5302-4
発行日	2018（平成30）年4月10日　初版第1刷発行
編　者	**加賀美雅弘・荒井正剛** Copyright ©2018　Masahiro KAGAMI, Masataka ARAI
発行者	株式会社 古今書院　橋本寿資
印刷所	株式会社 太平印刷社
製本所	株式会社 太平印刷社
発行所	**古今書院**　〒101-0062 東京都千代田区神田駿河台2-10
TEL/FAX	03-3291-2757 / 03-3233-0303
ホームページ	http://www.kokon.co.jp/　　検印省略・Printed in Japan

◆ 東京学芸大学地理学会シリーズⅡ　全5巻　B5判　並製本

第1巻　**日本をまなぶ　西日本編**　2017年9月刊

第2巻　**日本をまなぶ　東日本編**　2017年10月刊

　　　上野和彦・本木弘悌・立川和平編　　定価本体　各2800円＋税

第3巻　**景観写真で読み解く地理**　2018年4月刊

　　　加賀美雅弘・荒井正剛編　定価本体　2900円＋税

続刊刊行予定　　2019年　　第4巻　東京をまなぶ（仮題）
　　　　　　　　2020年　　第5巻　地図を読む（仮題）

◆ 100万人のフィールドワーカーシリーズ
　　地理学を含めたフィールド調査に関する15のテーマをとりあげ，各巻ごとに文理横断の多様な研究分野の調査技術、考え方、調査の苦労話や工夫を紹介する．既刊10冊（刊行中）。

100万人のフィールドワーカーシリーズ　全15巻　椎野若菜 監修

第14巻
フィールド写真術

秋山裕之・小西公大 編
定価本体3200円＋税

人物や風景の撮り方がわかる

★調査対象によってどんな配慮が必要かなど, 撮影からデータ保存、プレゼンまで、これ1冊でわかる！

写真を知る（仕組みを知る／機材／海外での撮影ほか）、写真を撮る（人物を撮る／風景景観を撮る／建造物を撮る／遺跡を撮る／水中で撮る／空から撮る／文献を撮る／顕微鏡下を撮る）写真を使う（プリント／データ補正／整理術／Web発信／プレゼンほか）。カラー写真138枚掲載。

既刊おすすめガイド

◎**高校生の進路選択、学部1〜2年生の専門選考選択の参考になります！**
　日常と異なる衣食住の経験を通じてフィールドワークの日々を描く11巻『衣食住からの発見』（2600円）, マスコミで話題になった研究者の意外な苦労話6巻『マスメディアとフィールドワーカー』、社会問題と接点をもったテーマをめぐる研究者の葛藤7巻『社会問題と出会う』がオススメ。たくさんの研究分野の具体例に触れることで、進路選択や大学での分野専門選択の夢が広がります。フィールドワークの魅力が各巻にあふれています。

◎**「卒論」に意欲的に取り組む学生さんに！**
　調査地への適応法（1巻：フィールドに入る(2600円)、現地事情への配慮（5巻：災害フィールドワーク論）は調査地選びの参考に。ノート記録(13巻)、写真撮影(14巻)、映像記録(15巻)は実践で即役立ちます。大学院へ進学する方には、隣接分野との関係(2巻)や女性研究者支援(12巻)がオススメ。各巻詳細はHP参照ください。

NEW ARRIVAL

KOKONフィールドノート、昨年大好評だった「さくら」と新たに「かえる」と「グリーン」の2種類が登場！

各 400 円＋税

グリーン　さくら　かえる

表紙　　　　　裏表紙

KOKONフィールドノート

・さくら
表面は落ち着いた桃色の背景と桜のイラストで春をイメージ。入学祝、卒業記念のプレゼントにオススメです！

・かえる
最初のページにフィールドノートの使い方が書かれているので、初めて使う方でも安心。カエルのイラスト付きです！

・グリーン
フィールドノートは「緑」派の方に！普段使いにもオススメです。

☆他にもさまざまな色を取り扱っています！
- 黄色
- ネオンレッド
- もみじ
- ブラック×レッド
- レッド
- ライトグリーン
- ブルー
- 藍色

各 400 円＋税

＊サイズ：天地 17.5 センチ × 左右 10.5 センチ。
＊フィールド調査に便利な 2 ミリ方眼，10 ミリごとの太線
＊表紙は，ホワイトボードマーカーで書き消し可能

←Amazon からもご購入いただけます！

古今書院　〒101-0062　東京都千代田区神田駿河台 2-10　TEL 03-3291-2757
詳細はホームページにて http://www.kokon.co.jp　FAX 03-3233-0303